D1942817

Erziehen

ohne

Stress & Wut

Melissa Lehnstetten

ÜBER DIE AUTORIN

Melissa Lehnstetten konnte sich über viele Jahre durch ihr Studium im Bereich der Pharmazie und eigenem Interesse an alternativen Heilmethoden, Wissen aneignen, dass Sie durch ihre Begeisterung am Schreiben gerne an ihre Leser weitergibt.

Wenn Ihnen dieses Buch gefallen hat und Sie mehr über die Autorin und ihre weiteren Bücher erfahren wollen, dann schauen Sie sich doch auf dem Autorenprofil von Melissa Lehnstetten um.

Link zum Autorenprofil:

https://amzn.to/2TubKfF

Erziehen ohne Stress & Wut

Die goldenen Regeln der Kindererziehung

Melissa Lehnstetten

Bibliografische Information der Deutschen Nationalbibliothek Die Deutsche Nationalbibliothek verzeichnet diese Publikation in der Deutschen Nationalbibliografie; detaillierte bibliografische Daten sind im Internet über <http://dnb.d-nb.de> abrufbar

Erziehen ohne Stress & Wut. – Die goldenen Regeln der Kindererziehung

Lektorat: Christin W.

ISBN: 979-8653878060

Für Fragen und Anregungen:
Info@l-onlinesolutions.de
1. Auflage 2020

Vorwort

Kinder – für sie würden wir alles geben. Sie bereichern unser Leben und bringen uns zum Lächeln, auch wenn wir voller Traurigkeit sind. Sie zeigen uns immer wieder, wie wichtig der Tag ist und dass es sich lohnt, auch die größten Herausforderungen zu meistern: Es sind unsere Kinder, und wir lieben sie von ganzem Herzen.

Erinnern Sie sich noch an die ersten Tage mit Ihrem Baby? Sicherlich haben Sie sich Sorgen gemacht, ob Sie seine Gesten verstehen können. Denn Sie konnten nur auf Ihr Bauchgefühl und Ihre Instinkte vertrauen. Doch Sie haben es natürlich geschafft. Es war überhaupt kein Problem, zu verstehen, was Ihr Kind Ihnen vermitteln wollte. Mit der Zeit wurden Sie sicherer, und ehe Sie es wirklich wahrnehmen konnten, verging ein Jahr nach dem anderen.

Nun ist Ihr Sprössling größer, Sie können mit Ihm kommunizieren und sind noch besser in der Lage, das zu verstehen, was es Ihnen sagen möchte. Oder doch nicht?

Ganz recht: Manchmal ist es gar nicht so einfach, Kinder zu verstehen, obwohl es natürlich nicht an der Sprache selbst liegt. Vielleicht haben Sie einfach andere Vorstellungen, möchten natürlich alles richtig machen, und Ihr Kind vertritt in seinen persönlichen und kindlichen Ansichten aber eine ganz andere Meinung.

Das Leben als Eltern ist immer wieder aufregend und scheint jeden Tag eine neue Überraschung bereitzuhalten. Sie können morgens einen festen Plan für den Tag haben und sich in den Abendstunden fragen, was von Ihren Vorstellungen übrig geblieben ist. Es kann manchmal Ihre letzten Reserven beanspruchen, und doch steht die Liebe zu Ihrem Kind immer an erster Stelle.

Doch genau das führt Sie auch immer wieder zu einer entscheidenden Frage, auf die Sie nur ansatzweise eine Antwort finden: „Mache ich auch wirklich alles richtig?“

Sicherlich kann für niemanden eine pauschale Antwort gefunden werden, aber dennoch müssen Sie diese Frage nicht unbeantwortet stehen lassen.

Auf den folgenden Seiten werden Sie erfahren, dass Kindererziehung ein Abenteuer voller Höhen und Tiefen sein kann. Es ist völlig normal, dass nicht immer alles so abläuft, wie Sie es sich vorstellen. Entscheidend ist es dann jedoch, dass Sie den Überblick behalten und das Beste aus der Situation herausnehmen – für sich und Ihr Kind.

Lassen Sie sich nicht von Stress und anderen Störfaktoren beeinflussen. Hören Sie auf Ihr Inneres und darauf, was Ihnen Ihr Herz sagt. Sie kennen sich selbst und natürlich Ihr Kind am allerbesten.

Lernen Sie mithilfe von Übungen zur Konfliktbewältigung, dass Sie sehr viel gemeinsamen Unmut schon im Keim ersticken können. Finden Sie heraus, wie Sie besser mit Ihrer Wut umgehen und auf diese Weise auch Ihrem Kind einen großen Schritt näherkommen können.

Zweifeln Sie nicht an sich selbst. Jeder Tag birgt für sich etwas Überraschendes, und Sie werden das ein oder andere Mal vielleicht sogar mehr als verwundert über Ihre Handlungen und Gedanken sein. Aber ganz gleich, wie Sie sich fühlen: Die Liebe zu Ihrem Kind ist unersetzlich und kann Ihnen auch von einem „schlechten" Tag nicht genommen werden.

Dieses Buch zeigt Ihnen auf, wie sie zusammen den richtigen Weg finden und jede Herausforderung im spannenden Alltag meistern können.

1. Kapitel: Die Entwicklung Ihres Kindes

DIE WICHTIGSTEN ENTWICKLUNGSSTUFEN

Die Entwicklung eines Menschen ist umfangreich und komplex. Es kann keine pauschale Aussage darüber getroffen werden, wer sich wann wie entwickelt. Dieser Prozess richtet sich nach dem Menschen selbst und wird auch von dessen Umfeld beeinflusst.

Bevor Sie erfahren, wie Sie Ihr Kind ganz ohne Schimpfen und negative Stimmungen erziehen können, ist es wichtig, einen kurzen Einblick in die kindliche Entwicklung zu werfen. Hierzu werden die wohl wichtigsten Stufen genauer beleuchtet. Sie erhalten also einen Einblick in die soziale und sprachliche Entwicklung. Aber auch die sogenannte Trotzphase wird genauer in Augenschein genommen, damit Sie verstehen können, warum sie in den meisten Familien Einzug hält.

DIE SOZIALE ENTWICKLUNG

Das soziale Verhalten ist für das Leben eines jeden Menschen sehr wichtig. Wird es nicht gefördert und positiv geprägt, kann im schlimmsten Fall ein Alltag in Einsamkeit die Folge sein. Doch es gibt noch mehr, was nur mit sozialem Verhalten möglich ist:

- Gefühle können geäußert werden
- Die eigenen Emotionen werden akzeptiert und besser verstanden
- Gefühle können zurückgehalten und vor anderen Menschen verborgen werden
- Emotionen können besser verarbeitet werden
- Es ist möglich, Gefühle auch bei anderen Menschen zu erkennen und diese zu bewerten

Das soziale Leben steht und fällt mit unseren Emotionen. Sie sind zwar von Geburt an vorhanden, bilden sich jedoch Jahr für Jahr mehr aus. Im Folgenden finden Sie einen kurzen Überblick, wie sich die Emotionen Ihres Kindes in den einzelnen Lebensphasen entwickeln.

1. LEBENSJAHR

Angst, Freude und Interesse sind von Geburt an gegeben. Ihr Kind zeigt Ihnen das beispielsweise, wenn es Sie anlächelt und den Kopf in Ihre Richtung neigt. Es muss diesen Vorgang natürlich erst lernen, aber es braucht dafür nicht sehr viel Zeit. Auch ein erstes Lächeln können Sie schon nach ein paar Wochen entdecken. Ebenfalls wird Ihr Baby in der Lage sein, Ihre Emotionen zu erkennen und sie auch nachzuahmen. Es kann vielleicht nicht sofort verstehen, ob Sie traurig oder glücklich sind, aber es versteht, dass Sie fühlen.

2. Lebensjahr

Während dieser Zeit lernt Ihr Kind immer mehr Worte kennen. So ist es auch in der Lage, Gefühle mit Sätzen wiederzugeben. Es kann immer öfter das benennen, was es sieht. Das bemerken Sie zum Beispiel, wenn Ihr Kind sagt: „Mama weint!". Es sind nur zwei Worte, aber sie zeigen Ihnen, dass es Emotionen genau erkennen kann. Des Weiteren gelingt es Ihrem Kind, sich auch in Sie oder andere Personen hineinzuversetzen. Mit der Zeit wird es sogar seine eigenen Gefühle und die, anderer Menschen miteinander vermischen.

3. Lebensjahr

In dieser Zeit erfolgt eine klare Unterscheidung zwischen emotionalem Ausdruck und Erlebnissen. Das Kind lernt, seinen Gesichtsausdruck zu steuern und zu verändern. Wenn Ihr Kind etwa weiß, dass es mit einem bestimmten Ausdruck das bekommt, was es möchte, wird es diesen auch ganz sicher anwenden. Es liegt nun an Ihnen, hinter die „Fassade" zu sehen.

Da Ihr Kind nun auch mehr Worte kennt, wird es seine Gefühle auch noch besser beschreiben und für Sie deutlich werden lassen können.

4. UND 5. LEBENSJAHR

Die meisten Kinder besuchen in diesem Alter den Kindergarten und sind somit in der Lage, viele Erfahrungen mit den eigenen Gefühlen, aber auch mit fremden Emotionen zu sammeln. Das führt auch dazu, dass es seine Gefühle immer besser selbst verstehen und auch an Sie weitergeben kann. Auch negative Stimmungen werden aufgearbeitet, und Ihr Kind kann lernen, besser mit Ihnen umzugehen.

6. UND 7. LEBENSJAHR

Hier beginnt ein neuer Lebensabschnitt, wenn Ihr Kind die Schule besucht. Hier erfahren die Kleinen, wann Sie Ihre Emotionen nach außen hinzeigen sollten und wann nicht. Es schließt die ersten Freundschaften, wird Kompromisse kennenlernen und auch erfahren, dass negative Emotionen immer öfter zum Leben gehören.

DIE SPRACHLICHE ENTWICKLUNG

Doch auch die Sprache entwickelt sich natürlich nicht von heute auf morgen. Anfänglich sind es nur wenige Worte, bis irgendwann ganz Sätze folgen. Es gibt natürlich auch Kinder, die sich dahin gehend später entwickeln, machen Sie sich darüber keine Gedanken, das ist ganz normal.

Wie Ihr Kind diesen Weg geht und was es wann lernt, erfahren Sie nun in den folgenden Punkten.

1. STUFE (BIS ZUM 1. JAHR)

Sicherlich können Sie sich noch sehr gut an den ersten Laut Ihres Kindes erinnern: der erste Schrei direkt nach der Geburt. Dieses „Zeichen“ begleitet Sie noch eine lange Zeit. Wenn Ihr Kind müde ist, Hunger verspürt oder einfach Ihre Nähe sucht, wird es sich allein durch das Schreien äußern können.

2. STUFE (AB 6. MONAT UND ZUM 1. JAHR)

Diese Phase wird auch als Zeit der „Lallmonologe“ bezeichnet. Hier lernt das Kind durch Zuhören und versucht, die Worte von Eltern und Menschen des Umfeldes nachzuahmen. Da das aber noch nicht so gut gelingt, vernehmen Sie meistens ein Lallen. Dennoch bildet dieses Verhalten die Grundlage für die spätere Entwicklung der Sprache.

3. Stufe (1 Jahr bis zum 18. Monat)

Ihr Kind wird mit Beendigung des ersten Lebensjahres vielleicht das erste Wort sprechen. Silbenketten bilden hier eine wichtige Basis. So entsteht das Wort „Mama“ z. B. aus MA und MA. Immer mehr wird es versuchen, Worte aus dem Umfeld nachzusprechen, auch wenn der Sinn noch nicht verstanden werden kann.

4. Stufe (18 Monate bis 2 Jahre)

Diese Zeit wird oft auch als das Fragealter bezeichnet. Immer wieder wird Ihr Kind versuchen, den Sinn bestimmter Worte durch Sie herauszufinden. Es erweitert somit nicht nur seinen Wortschatz, sondern auch sein Wissen. Hier bilden sich auch die Mehrwortsätze heraus.

5. Stufe (2 bis 3 Jahre)

Die Sprache formt sich immer weiter aus, und so wird es auch immer zu Grammatikfehlern kommen. Das ist natürlich nicht schlimm, denn Sie als Eltern werden Ihr Kind bei Bedarf verbessern. Je mehr Zeit vergeht, desto besser wird es auch das Sprechen lernen und immer schneller Zusammenhänge herstellen können.

6. Stufe (3 bis 4 Jahre)

Hinter dieser Stufe verbirgt sich das zweite Fragealter. Vielleicht kennen Sie es auch: Ihr Kind fragt immer wieder nach dem „Warum“. Doch nicht nur das – Ihr Kind wird auch im Satzbau geübter und kann seine Sprache immer weiter festigen.

7. Stufe (5 Jahre)

Wenn Ihr Kind dieses Alter erreicht hat, ist die Entwicklung der Sprache weitestgehend abgeschlossen. Es wird natürlich immer wieder Wörter geben, die Ihrem Kind fremd sind und dessen Sinn es noch erfahren möchte, aber im Großen und Ganzen hat es sein Ziel erreicht. Jetzt kennt es Ober- und Unterbegriffe genauso wie Namen von Gegenständen und kann Vergangenheit, Gegenwart und Zukunft benennen.

DIE TROTZPHASE

Alle Eltern kennen diese Zeit, und in gewissem Maß ist sie auch bei den meisten Erziehenden „gefürchtet". Es sind Worte wie „Ich will das aber jetzt" oder „Nein, das muss so sein!".

Es scheint kaum ein Entgegenkommen zu geben, und diese schwierige Zeit nimmt scheinbar kein Ende.

Im Alter von 2 Jahren beginnt die Entwicklung des eigenen Willens. Kinder können hier ganz klar entscheiden, was sie wollen und was nicht. Ob deren Entscheidung nun immer gut für sie ist, können sie jedoch noch nicht ganz verstehen. Das hat zur Folge, dass sie weinen oder auch schreien, wenn sie nicht das bekommen, was gerade gewünscht ist. Es ist unsagbar schwer, Kinder in einer solchen Phase wieder zu beruhigen. Schnell stellt sich Unsicherheit bei den Eltern ein, und sie stellen sich die Frage, wie richtig reagiert werden kann.

Doch keine Trotzphase hält ewig an. Wenn Ihr Kind in der Lage ist, seine Emotionen zu kontrollieren, wird diese Form der Energie verebben. Doch auch Sie als Eltern können etwas tun. Versuchen Sie, Ihrem Kind trotz dieser schwierigen Phase Wertschätzung zu geben. Setzen Sie ihm gleichzeitig klare Grenzen und stärken Sie sein Selbstbewusstsein. Schaffen Sie ihm ein gutes soziales Umfeld, und Sie werden schnell merken, dass die Trotzphase immer schwächer wird, bis sie irgendwann gar nicht mehr auftritt.

Dennoch lohnt sich doch die Frage, warum es so eine Phase überhaupt gibt. Sie scheint für beide Seiten doch eigentlich mehr Ärger zu bedeuten, als dass sie Freude mit sich bringt. Trotzdem wird es kaum ein Entrinnen vor dieser Phase geben. Denn Kleinkinder lernen noch sehr viel und sehen sich sehr oft großen Herausforderungen gegenüber. Dabei spielt es keine Rolle, ob diese im sprachlichen, körperlichen oder emotionalen Bereich liegen. Ein Kind, welches das 3. Lebensjahr noch nicht beendet hat, ist noch sehr auf sich selbst bezogen. Es erkennt Gefahren noch nicht und kann auch nicht einschätzen, wann es einen Fehler macht. Es möchte zum Beispiel unbedingt das Spielzeug eines anderen Kindes haben, kann dabei aber nicht verstehen, dass jenes Kind traurig sein wird, wenn ihm plötzlich das Spielzeug weggenommen wird. Für den Augenblick ist Ihrem Kind nur wichtig, dass es dieses eine Spielzeug nicht hat und jetzt auch haben will.

Wenn ihm dieser Wunsch nun verwehrt bleibt, baut sich auf diese Weise sehr viel Frust in Ihrem Kind auf, sodass es nur noch eine Möglichkeit sieht: den Wutausbruch. Es kann seine Emotion noch nicht anders zeigen und auch nicht unterdrücken.

Eltern haben hier nur eine Chance: ruhig bleiben und in keinem Fall zurückschreien. Auch wenn es in der Öffentlichkeit geschieht, beruhigt sich Ihr Kind am besten, wenn Sie die nervliche Anspannung, die sich sicherlich auch in Ihnen anstaut, nicht noch zusätzlich übertragen. Des Weiteren können Sie folgendes versuchen:

- Setzen Sie Grenzen und sagen Sie Ihrem Kind auch, wenn Sie etwas nicht erlauben. So kann es Stück für Stück lernen, dass negative Gefühle zum Leben dazugehören.
- Nehmen Sie den Wutanfall Ihres Kindes nicht persönlich. Es hat nichts mit Ihnen, sondern nur mit der Situation zu tun.
- Wenn Ihr Kind wütend ist, kann es vielleicht auch dazu kommen, dass es andere Kind schlägt oder beißt. Machen Sie ihm unbedingt klar, dass das nicht erlaubt ist. Schreien Sie dabei aber nicht, sondern reden Sie ruhig.
- Signalisieren Sie Ihrem Kind, dass Sie seine Wut in gewisser Weise sogar verstehen können. Diese Aussage kann dem Negativen schon sehr viel Kraft nehmen.

- Machtkämpfe machen die Trotzphasen nur noch schlimmer. Lassen Sie es nicht so weit kommen und bleiben Sie immer „die Ruhe in Person“. Auch wenn es gerade im Supermarkt alles andere als einfach sein wird, kann es Ihnen gelingen. Und sollten Sie wirklich an Ihre Grenzen kommen, verlassen Sie mit Ihrem Kind den Raum und entziehen Sie sich somit dem Blick anderer.
- Finden Sie ab und an einen passenden Kompromiss. Natürlich sollten Sie nicht immer in dieser Form nachgeben, aber manchmal kann es wirklich das Beste sein, wenn Sie Ihrem Kind ein kleines Stück entgegenkommen.

IMMER TREU BLEIBEN

Diese Übersichten vermitteln, wie sich Ihr Kind in den jeweiligen Lebensbereichen entwickelt. Dieses Wissen wird es Ihnen leichter machen, bestimmte Ansichten zu verstehen und mit Konflikten auch ein Stück weit leichter umzugehen.

Sie werden dennoch immer wieder die Erfahrung machen, dass jeder Tag mit Ihrem Kind ein Abenteuer ist. Wenn Sie gerade der Meinung sind, Ihr Kind und seine Emotionen zu kennen und bestens zu verstehen, wartet schon die nächste große Überraschung auf Sie.

Wichtig ist, dass Sie trotz Problemen und Sorgen immer wieder zueinanderfinden. Wenn Ihnen das gelingt, wird es kein Hindernis geben, welches sie nicht zusammen überwinden können.

2. Kapitel: Konflikte zwischen Eltern und Kind

NICHT VERMEIDBAR

Sicherlich kennen auch Sie den Ausspruch „Streit kommt in den besten Familien vor". Und darin steckt auch sehr viel Wahrheit.

Es steht außer Frage, dass Sie Ihr Kind lieben und das gleiche auch durch Ihren Schatz selbst erfahren.

Ein großer Teil Ihres gemeinsamen Zusammenlebens ist durch Geborgenheit, Glücksmomente und Lächeln bestimmt. Doch nicht jeder Tag wird von derlei durchweg positiven Moment bestimmt. Ab und an kommt es zu Meinungsverschiedenheiten, und Sie werden die Meinungen Ihres Kindes oft nur sehr schwer nachvollziehen können. Natürlich verhält es sich im umgekehrten Fall genauso. Ihr Kind wird auf seiner Meinung beharren und auch alle erdenklichen Mittel einsetzen, um Sie ebenfalls davon zu überzeugen und somit umzustimmen.

All das ist ein völlig normales Verhalten. Sie können nicht immer den gleichen Standpunkt vertreten. Hier ist es wichtig, zuerst Ruhe zu bewahren. Atmen Sie tief durch und lassen Sie nach Möglichkeit den Moment auf sich wirken. Versuchen Sie sich kurz in die Lage Ihres Kindes zu versetzen. Vielleicht hilft das schon, um Ihren Ärger ein wenig zu dämmen. Natürlich wäre es nun auch für Ihren Sprössling ratsam, kurz in Ihre Haut zu „schlüpfen“, aber das wird ihm sicherlich nur schwer gelingen.

Von Vorteil kann es aber auch sein, dass Sie bereits um die Situationen wissen, die zu einem Streit führen können. Das mag etwas klingen, schließlich kann wohl niemand einen Streit voraussehen. Doch es gibt Augenblicke, die einen Streit regelrecht provozieren können. Diese zu kennen, kann ein harmonisches Familienleben deutlich vereinfachen.

DIE SIEBEN HÄUFIGSTEN KONFLIKTE

Eines vorweg: Es gibt selbstverständlich weitaus mehr Möglichkeiten, sich nicht einig zu sein. Es kann also nur schwer pauschal eine klare Aussage darüber getroffen werden, auf welche Situationen Sie sich vorbereiten sollten.

Dennoch gibt es sechs große Konflikte, die in den besten Familien immer wieder vorkommen und den Alltag auf eine harte Probe stellen können.

Vielleicht müssen Sie bei den folgenden Ausführungen sogar ab und an schmunzeln, oder Sie nicken verständnisvoll mit dem Kopf. Ganz gleich, wie Sie empfinden: Wenn Sie Ihren eigenen Alltag wiedererkennen, ist es der erste Schritt zu einer besseren Bewältigung.

1. Das „falsche" Essen.

Was ist falsch und was ist richtig? Bei Kindern scheint es nicht immer leicht zu sein, darüber eine sichere Aussage zu treffen. Doch folgende Situation macht schnell verständlich, wie tiefgreifend ein Satz aus dem Mund eines Kindes sein kann.

Seit dem frühen Morgen sind Sie auf den Beinen und kümmern sich um Ihr Kind und den Haushalt. Jeden Tag zaubern Sie mittags eine warme Mahlzeit auf den Tisch, und dabei ist es gar nicht so einfach, sich tagtäglich etwas Neues einfallen zu lassen. Das wäre vielleicht von der Sache her gar nicht so schwer, aber Sie wissen wie jede Mutter, dass ein Kind leider nicht mit allem zufrieden ist. Dabei verfolgt Ihr Sprössling natürlich nicht die Absicht, Sie zu ärgern. Er denkt wohl in keiner Weise daran, Sie mit seinen Worten zu kränken. Vielmehr spricht er aus, was er denkt. Die Tragweite der Worte ist nur selten wirklich klar.

Nun haben Sie Ihr Bestes gegeben und sich auch für den heutigen Tag wieder etwas einfallen lassen. Entscheiden wir uns in diesem Beispiel für Kartoffeln, Spinat und Ei. Es gibt keinen Zweifel daran, dass Ihr Essen schmeckt. Liebevoll richten Sie alles auf einem Teller an und stellen es auf den Tisch. Danach rufen Sie Ihr Kind und nehmen mit ihm gemeinsam Platz, um zu Mittag zu essen.

Doch schon der erste Blick spricht Bände. Ihr Kind stochert lustlos mit der Gabel im Spinat herum. Es versucht ihn nicht einmal, sondern verteilt ihn lieber mit großer Hingabe weiter auf dem Teller. Sie schauen sich dieses „Bild“ eine Weile an, denn schließlich hoffen Sie noch, dass es wenigstens ein einziges Mal probiert. Doch leider wird diese Hoffnung zerstört. Und so dauert es nicht mehr lange, bis es genau das sagt, was Sie schon von Anfang an vermutet haben: „Mama, ich esse doch keinen Spinat!“

Heute schmeckt der Spinat nicht, und morgen ist es Brokkoli. Übermorgen schiebt Ihr Kind das Ei zur Seite, und in einer Woche ist das Kartoffelpüree plötzlich nicht mehr richtig. Manchmal glauben Sie wirklich, dass Sie es Ihrem Kind nicht recht machen können. Es scheint fast unmöglich zu sein, etwas zu finden, was es wirklich mit Freude isst.

Auch wenn Sie in einem solchen Moment sicherlich sehr aufgebracht sind, spielen Ihnen Ihre Gedanken einen großen Streich. Ihr Kind mag sicherlich viel mehr, als Sie in diesem Augenblick sehen können. Dennoch bringt es für den Familienfrieden leider nicht sehr viel, wenn Sie immer wieder versuchen würden, Ihr Kind von Spinat und anderen Dingen, die es nicht mag, zu überzeugen. Es würde diese auch morgen und übermorgen nicht essen, und Sie schüren immer wieder ein Streitthema, das es einfach nicht wert ist.

Schonen Sie Ihre Nerven und beugen Sie diesem Konflikt vor, indem Sie Ihren Speiseplan ein wenig überdenken. Wenn Ihr Kind beispielsweise keinen Spinat mag, lassen Sie diesen für eine gewisse Zeit einfach weg. Sicherlich wird Ihnen etwas einfallen, was Sie stattdessen kochen können.

Der Geschmack eines Kindes verändert sich immer wieder, und so kann es durchaus sein, dass es irgendwann den leckeren Spinat wieder mag. Doch Sie möchten nicht darauf verzichten? Das müssen Sie auch nicht. Sie können ihn natürlich dennoch kochen und selbst verzehren. Nutzen Sie die Situation und bieten Sie ein wenig an. Vielleicht werden Sie schon bald mit einem „Ja“ belohnt. Für Ihr Kind finden Sie sicherlich ein leckeres Gemüse als Alternative.

Es geht hierbei nicht darum, es Ihrem Kind recht zu machen und nur das zu kochen, was es will. Wichtig ist das Verständnis auf beiden Seiten. Sie selbst sollen dabei verstehen lernen, dass es einfach gewisse Abneigungen gegen Lebensmittel gibt. Wenn Sie an sich denken, fällt Ihnen bestimmt auch etwas ein, was Sie nicht so gerne essen. Sie würden es natürlich dennoch probieren, aber das bringt einfach die Erfahrung mit sich, die Ihr Kind noch sammeln muss. Und wenn es den Spinat nicht mag? Dann muss Ihr Sprössling auch verstehen, dass es unter Umständen einfach auch „leer“ ausgehen kann. Besonders dann, wenn es noch Geschwister hat, ist es alles andere als einfach, es immer allen Kindern recht zu machen!

2. Kind verliert die Beherrschung.

Auch das wird Ihnen sicherlich nicht fremd sein. Um diese Situation dennoch besser verständlich zu machen, kehren wir noch einmal zum Mittagstisch zurück.

Stellen Sie sich noch einmal vor, wie Ihr Kind den Spinat ablehnt. Vielleicht „überhören" Sie es beim ersten Mal und hoffen, dass es seine Gedanken einfach verwirft. Doch leider geschieht das nicht, und Ihr Kind weist Sie nochmals darauf hin, dass es den Spinat nicht essen möchte. Sie bleiben ruhig und bitten es mit freundlichem Ton, doch zumindest ein paar Löffel zu probieren, denn schließlich haben Sie sich doch solche Mühe gegeben. Ihr Kind kann aber genau das nicht nachvollziehen. Es hat doch schließlich klar und deutlich gesagt, dass es ihm nicht schmeckt, und es kann auch nicht noch verstehen, dass Sie damit so viel Arbeit hatten und natürlich auch sehr viel Liebe in die Zubereitung gesteckt haben. Vielleicht unternehmen Sie nun noch einen zweiten Versuch, indem sie es auf die vielen Vitamine und Mineralstoffe hinweisen und ihm vielleicht sogar aufzeigen, dass es so noch schneller wächst und zu Kräften kommt. Doch natürlich prallt auch das an Ihrem Kind ab und es schiebt den Teller wütend zur Seite. Um seinen Ärger noch zu unterstreichen, verschränkt es sogar noch die Arme vor der Brust. Spätestens an diesem Punkt merken Sie, dass Sie keine Chance mehr haben: Ihr Kind isst nichts mehr!

Doch leider ist der Konflikt damit noch nicht beendet, sondern fängt gerade erst richtig an. Ihr Sprössling ist verärgert darüber, dass er seinen Hunger jetzt nicht stillen kann, es sei denn, er würde doch noch den Spinat essen. Doch das kommt natürlich gar nicht infrage. Lautstark macht er somit seinen

Gefühlen Luft, und ein es entwickelt sich ein wahres Drama am Esstisch.

Hier fällt es wirklich schwer, die Ruhe zu bewahren. Denn eigentlich wollen Sie doch nichts weiter als Ihr Mittagessen genießen, dessen Zubereitung natürlich auch nicht von allein passierte.

Atmen Sie tief durch und erheben Sie nicht noch zusätzlich die Stimme. Zwingen Sie Ihr Kind auf keinen Fall, den Spinat zu essen. Das würde die Stimmung nur noch mehr anheizen. Vielleicht lässt es sich damit besänftigen, nach dem Essen noch einen kleinen Nachttisch zu bekommen, wenn es wenigstens die Kartoffeln und das Ei isst? Versuchen Sie, eine Lösung zu finden, und gehen Sie einen Kompromiss ein. Das löst das Problem zwar nicht nachhaltig, aber zumindest für den Augenblick, und das ist doch schon sehr viel Wert, oder?

3. „Warum darf ich das nicht, aber die anderen schon?“

Dieser Satz sucht wohl die meisten Mamas und Papas irgendwann heim. Natürlich hoffen Sie inständig, dass es Ihnen nicht so ergehen mag und Ihr Kind einfach mit dem zufrieden ist, was es im Moment besitzt. Aber leider verfolgen Sie mit diesem Denken einen Traum, auch wenn es jetzt hart klingt. Dennoch ist es mehr als wichtig, dass Sie die Worte Ihres Kindes ernst nehmen und auch darauf eingehen.

Besonders anstrengend kann es werden, wenn Sie mit Ihrem Kind den wöchentlichen Einkauf erledigen. Sie haben eine lange Liste in der Hand, die Stück für Stück abgearbeitet werden muss. Damit das gelingen kann und Sie nicht noch einmal losfahren müssen, braucht es Ihre volle Konzentration. Sie laufen also zwischen den Regalen hin und her und haken in Gedanken Ihren Einkaufszettel ab. Heute läuft es gut und Sie haben schon sehr viele Dinge in recht kurzer Zeit gefunden. Dennoch ist der Einkauf noch lange nicht beendet. Sie stehen gerade zwischen den Konserven und überlegen, wie viel Pilze Sie brauchen, als Ihr Kind hinter Ihnen steht und Ihnen aufgeregt eine Zeitung entgegenhält. „Schau mal Mama, darf ich die haben? Die ist schön!“. Sie schauen nur kurz hin und wenden sich dann wieder Ihren Pilzen zu. Sie schütteln nur schnell den Kopf, denn schließlich hat Ihr Kind schon genug Zeitschriften, die einfach nur in der „Ecke“ liegen und vielleicht auch nur einmal kurz angesehen worden sind. Sofort beginnt es nun, seinen Unmut herauszulassen und sich zu beschweren. Alle anderen Kinder dürften einmal in der Woche eine neue Zeitung haben, nur es selbst nicht. Es kann das nicht verstehen, und langsam fangen auch schon die anderen Käufer an, sich in Ihre Richtung zu wenden. Das einfachste wäre jetzt, einfach „Ja“ zu sagen und die Zeitung zu kaufen, oder? Nein! Genau das wäre nicht die richtige Wahl. Es löst zwar den Konflikt für den Moment, doch Sie können sicher sein, dass Sie in einer Woche vor dem gleichen Problem stehen.

Wichtig ist, dass Sie Ihr Kind ernst nehmen und seine Bitte nicht einfach abbügeln. Schauen Sie sich die Zeitung kurz an, wer weiß, vielleicht findet sich doch etwas Lehrreiches darin und Sie können mit gutem Gewissen zustimmen. Wenn das aber nicht in Ihrem Sinn ist, was natürlich verständlich ist, machen Sie Ihrem Kind mit ruhigen Worten begreiflich, warum es die Zeitung jetzt nicht haben kann. Auch wenn es finanzielle Gründe vielleicht in ihrer Tragweite nicht verstehen kann, hilft es doch in sehr vielen Fällen. Gehen Sie auf Ihr Kind ein und geben Sie ihm das Gefühl, wirklich an seinem Anliegen interessiert zu sein, ganz gleich, worum es sich handelt. Zu Hause können Sie dann noch mal in Ruhe darüber sprechen.

Sie werden überrascht sein: Es hilft unwahrscheinlich, wenn Sie Ihr Kind nicht einfach nur mit einem „Nein“ im Geschäft stehen lassen. Schenken Sie ihm Gehör. So können Sie schon sehr viel Streit vermeiden.

4. Der Held im Fernsehen.

Der tägliche TV-Konsum steht immer wieder zwischen der guten Beziehung von Eltern und Kind. Es mag durchaus Familien geben, in denen das keine große Rolle spielt. Hier wird der Fernseher nur sehr selten angeschaltet und das Kind hat seine festen Zeiten. Hier gibt es keinen Streit, und die Sendungen, die es schaut, sind fast immer lehrreich und auf einem Niveau, welches fast als traumhaft bezeichnet werden kann.

Doch leider funktioniert das heute nur noch sehr selten. Schon im Kindergarten sind die Helden aus dem Fernsehen oft präsent und werden sogar in die gemeinsamen Spiele eingebaut. So fällt es mehr als schwer, dem Wunsch nach neuen Folgen entgegenzuwirken. Denn schon hier möchte Ihr Kind natürlich dazugehören. Im Kleinkindalter mag es noch ab und an in Ordnung sein, wenn die festgelegte Fernsehzeit ein wenig überschritten wird. Später jedoch, wenn Ihr Kind in die Schule geht, sollten die Prioritäten anders gesetzt werden. Auch wenn es wohl nur in Ihrem Sinne ist, sind feste Zeiten für den Fernsehkonsum mehr als wichtig. Funktioniert das nicht, können sehr schnell auch die schulischen Leistungen darunter leiden. Hausaufgaben werden nicht mehr erledigt, und auch das Lernen kommt zu kurz.

Wenn Sie manchmal nachgeben, sei es in den Ferien oder am Wochenende, mag es noch in Ordnung sein. Aber zu oft dürfen Sie dem Wunsch nicht folgen. Denn viel zu schnell schleicht sich die Gewöhnung ein, und Ihr Kind wird noch weniger auf seine „Freunde“ und Helden verzichten wollen. Treffen Sie beide zusammen eine feste Abmachung. Sicherlich finden Sie mit Ihrem Kind eine Lösung, die aber auch unmissverständlich auf die Grenzen hinweist.

Oftmals besteht der übermäßige Drang nach den virtuellen Helden nur bei schlechtem oder kaltem Wetter. Seien Sie beruhigt: Sobald die Sonne wieder hoch am Himmel steht und die warme Jahreszeit ruft, wird der Fernseher sicher nicht mehr ganz so wichtig sein. Dann locken die Sonne und der Badespaß mit den richtigen Freunden!

5. „Immer ich!“

Bei Einzelkindern ist dieses Problem sicherlich kaum vorhanden, dafür bei Geschwistern aber umso öfter und auch intensiver. Schweigend werden das Verhalten und auch die Aufgaben des anderen Kindes beobachtet, und natürlich gibt es keinen Zweifel, dass das jeweils andere immer benachteiligt ist. Zum besseren Verständnis nun auch hier ein Beispiel aus einem ganz normalen Familienalltag.

Sie sind gerade in der Küche beschäftigt, und jedes Kind hat bei Ihnen eine feste Aufgabe. Maria ist neun Jahre alt und ist heute mit der Spülmaschine dran. Sie muss die Tassen und Teller nicht in den Schrank räumen. Es reicht Ihnen schon, wenn Sie das Geschirr nur auf den Tisch stellt. Nun ist die Maschine fertig und Sie rufen Ihr Kind. Natürlich ist das jetzt nicht im Sinne Ihrer Tochter, weil diese gerade mit wichtigeren

Dingen beschäftigt war (zumindest nach Ihrer persönlichen Ansicht). Selbstverständlich verliert Maria auch keine Zeit, Ihnen das zu sagen. „Warum ich? Stefan muss das nie machen!" Stefan ist Marias großer Bruder und elf Jahre alt. Er hat eine andere feste Aufgabe im Haushalt. Auch hier ist es wichtig, dass Sie auf Ihr Kind eingehen und ihm in aller Ruhe erklären, dass dem nicht so ist. Auch Stefan übernimmt diese Aufgabe, wenn Maria einmal nicht kann oder krank ist. Argumentieren Sie, wie es die Situation erfordert, und machen Sie Ihrem Kind deutlich, dass es nicht benachteiligt ist. Wenn Sie sich den Gedanken Ihres Sprösslings nicht zu Herzen nehmen, kann es sogar so weit führen, dass er der Meinung ist, dass Sie das Geschwisterkind mehr liebhaben als ihn selbst. Das stimmt natürlich nicht, aber Gedanken eines Kindes können manchmal sehr weite Formen annehmen.

Gehen Sie hier sehr behutsam vor und erklären Sie vielleicht auch, dass es wichtig ist, dass jedes Kind ein paar kleine Aufgabe übernimmt. Hören Sie auf Ihr Herz. Es wird Ihnen sagen, welche Worte die richtigen sind, um einen Konflikt zu vermeiden, der sich sehr schnell auch im Inneren eines Kindes manifestieren kann.

6. Immer wieder aufräumen.

Erst gestern Abend haben Sie Ihr Kind aufgefordert, das Kinderzimmer aufzuräumen. Zum Glück kam es dieser Bitte auch nach, und als am nächsten Morgen die Schule rief, sah der persönliche Raum auch wieder sehr ansehnlich aus.

So geht der Tag ins Land, und in den Abendstunden stehen Sie wieder im Zimmer Ihres Kindes und trauen Ihren Augen nicht. Überall liegt etwas, und es fällt schwer, überhaupt noch den

Überblick zu behalten. Also hilft es nichts: Sie müssen Ihr Kind wieder auffordern, das Zimmer aufzuräumen, und wie Sie es sich schon denken können, trifft das natürlich nicht gerade auf große Freude. Ihr Kind argumentiert damit, dass das Chaos doch gar nicht so groß ist und dass morgen auch noch Zeit zum Aufräumen wäre. Aber natürlich lassen Sie sich auf eine solche Diskussion nicht ein. Sie wissen, dass es morgen auch nicht anders wird, und bitten nochmals, dass doch jetzt etwas getan werden sollte. Ihr Kind wird mürrisch und geht mit den Worten „Warum muss ich hier jeden Tag aufräumen?" in sein Zimmer zurück.

Es ist jedoch mehr als wichtig, dass Sie sich wirklich durchsetzen. Es geht hierbei nicht nur darum, dass Ihr Kind auch später wieder alles finden kann und in einem ordentlichen Zimmer zu Bett geht. Vielmehr unterstützt das tägliche Aufräumen die Grundordnung, die für den späteren eigenen Haushalt sehr wichtig ist. Wenn es zu Kindertagen nicht versteht oder erlernt, wie wichtig das Aufräumen ist, kann es passieren, dass es dieses Verhalten auch in der eigenen Wohnung an den Tag legt.

Lassen Sie nicht locker und versuchen Sie auch, die positiven Seiten aufzuzeigen. Schließlich ist alles Wichtige viel schneller gefunden, wenn aufgeräumt wurde. Sonst wird zu viel Zeit mit langem Suchen verschwendet, was natürlich nicht sein muss.

Aufräumen ist nicht immer leicht, und es gibt wohl sehr wenige Kinder, die das auch wirklich gerne machen. Sie können sich also sicher sein, dass Sie mit diesem Konflikt nicht allein sind!

7. „ICH WILL NOCH NICHT INS BETT!“

Der Tag war anstrengend, und es ist nur zu verständlich, dass auch Sie irgendwann die Beine hochlegen möchten. Doch das ist natürlich erst dann möglich, wenn Ihr Kind im Bett ist. Auch sein Tag war lang, es hat viel erlebt und muss morgen wieder zeitig aufstehen, um in die Schule oder in den Kindergarten zu gehen. Und so hilft es alles nichts: Es muss ins Bett!

Doch diese Bitte wird natürlich nicht mit Freude aufgenommen. „Warum? Ich bin noch nicht müde!“, ist in den meisten Fällen das erste Argument, welches Sie zu hören bekommen, und schon sind Ihre Nerven wie Drahtseile gespannt. Sie möchten natürlich zum Abend keinen Streit mehr heraufbeschwören, zumal Sie gut genug wissen, dass Ihr Kind durchaus müde ist. Es rieb sich mehr als einmal die Augen, und auch das Gähnen kann es schon lange nicht mehr unterdrücken. Dennoch möchte Ihr Kind noch nicht ins Bett, denn es möchte sich auch „groß“ fühlen, und der erste Schritt dahin ist das längere Aufbleiben, ganz so wie Mama und Papa.

Gehen Sie auf Ihr Kind ein und versuchen Sie, ihm deutlich zu machen, warum ausreichend Schlaf so wichtig ist. Denn schließlich wachsen Kinder im Schlaf am meisten. Ihnen wird sicherlich ein gutes Argument einfallen! Auch ein Einschlafritual, welches Ihrem Kind großen Spaß macht, kann den Streit, vor dem zu Bett gehen verhindern.

KURZES FAZIT

Sie sehen also, dass Streit wohl in allen Familien vorkommt und dass die Situationen, die Ihnen den Alltag schwer machen, wohl in jedem Haushalt mit Kindern präsent sind.

Bleiben Sie, ganz gleich was Sie bewegt, ruhig und versuchen Sie, gemeinsam mit Ihrem Kind eine Lösung zu finden.

Es wird nicht immer einfach sein und Sie werden sich vielleicht auch sehr oft fragen, warum Ihr Kind überhaupt so denkt. Aber auch das gehört zum Elternsein dazu.

Nun wissen Sie, welche Momente Sie besonders beachten sollten, und können vielleicht schon sehr vielen Konflikten vorbeugen.

3. Kapitel: Der Weg zum Vertrauen

ALLTAG IN DEN MEISTEN FAMILIEN

Jeder Tag ist anstrengend, und immer wieder ist es an Ihnen, sich neuen Herausforderungen zu stellen.

Sei es das Quengeln an der Kasse, das widerwillige Aufräumen des Zimmers oder das sture Ausschalten des Fernsehers – all diese Dinge können Ihre Nerven jeden Tag auf eine harte Probe stellen. Und nun fragen Sie sich selbst einmal: Wie oft haben Sie große Probleme, Ihre Worte zu zügeln? Ihr Tag hat Sie voll gefordert, und wenn Sie irgendwann zur Ruhe kommen, wäre es doch zu schön, wenn einfach alles nach Plan verlaufen würde und Ihr Kind nicht jede Bitte mit einer Diskussion enden lassen würde. Eines sollte jedoch hier an dieser Stelle gesagt werden: Unzähligen Eltern geht es genau wie Ihnen. Sicherlich gibt es Kinder, die ein Verhalten wie im „Bilderbuch" an den Tag legen, aber das ist nicht der Regelfall.

Sie können sich also mehr als sicher sein, dass es in allen Familien Momente gibt, die Eltern und natürlich auch Kinder stark fordern. Hier kann es passieren, dass sich Mamas im Ton vergreifen, was ihnen dann wieder leidtut. Doch auch Kinder sagen in der Wut schnell Dinge, die gar nicht so gemeint sind.

Ganz gleich, wer nicht die richtigen Worte findet: Das Vertrauen ist erst einmal gestört, und es kann dauern, bis es wieder in vollem Maß vorhanden ist.

Doch Sie müssen nicht nur warten und hoffen. Wichtig ist, dass Sie die Initiative ergreifen und langsam das Vertrauen wieder aufbauen. Gehen Sie behutsam vor und versuchen Sie, Ihr Kind nicht wieder mit Worten in die richtige Richtung zu „drücken". Auch wenn Sie genau wissen, dass der Fehler nicht bei Ihnen lag, sollten Sie immer daran denken, dass Sie sich einem Kind gegenübersehen.

Allein seine Natur und vielleicht auch ein wenig Angst werden es aufhalten, den ersten Schritt zu unternehmen und auf Sie zuzugehen.

TIPPS FÜR MEHR VERTRAUEN

Auch hier zählt wieder, dass Sie diese Hinweise nicht nach und nach abarbeiten müssen. Schauen Sie sich die Tipps in Ruhe an und wägen Sie ab, welche für Sie und natürlich auch für Ihr Kind am besten geeignet sind.

Sie wissen ganz allein, wie Ihr Kind fühlt und was ihm im Falle eines Streits sonst auch immer gutgetan hat. Sicherlich werden Sie sehr schnell wieder zusammenfinden.

Vertrauen ist nichts, was Sie nicht wieder aufbauen können. Gehen Sie aufeinander zu und warten Sie nicht, dass Ihr Kind den ersten Schritt macht.

Mit Einfühlungsvermögen, Ruhe und ganz viel Liebe werden Sie schon bald wieder eine Einheit sein.

1. Tipp: Körperliche Nähe

Es gibt wohl kaum ein deutlicheres Zeichen für Liebe als Berührungen. Wenn Ihr Kind in der Schule oder im Kindergarten ist, können Sie ihm natürlich keine Nähe geben. Dort können Sie nur darauf vertrauen, dass es um Ihre Liebe weiß.

Doch irgendwann kommt Ihr Kind auch wieder nach Hause, und Sie können es mit einer Umarmung begrüßen. Es muss nicht immer das lange Ritual an der Wohnungstür sein, denn ein kurzes „Drücken" reicht schon aus, um sehr viele positive Emotionen zu transportieren. Doch natürlich haben Sie noch mehr Möglichkeiten. Dazu fragen Sie sich jetzt erst einmal, wie Sie den Tag beginnen. Oftmals verläuft dieser Beginn bei sehr vielen Familien nach dem gleichen Schema. Sehr früh am Morgen klingelt der Wecker. Meistens stehen die Mamas zuerst auf, denn schließlich müssen sie sich noch um das Frühstück zu Hause und die Brotdosen kümmern. Im Anschluss huschen sie noch einmal kurz ins Bad, um dann pünktlich die Kinder zu wecken. Hier kommt schon die erste Frage auf: Wie wecken Sie Ihr Kind? Öffnen Sie nur kurz die Tür und rufen herein, oder gehen Sie an das Bett und wecken es mit einem kurzen Streicheln über den Kopf? Sollte die erste Handlung der Fall sein, überdenken Sie es noch einmal. Denn sicherlich haben auch Sie die Zeit, Ihrem Kind eine kurze und sanfte Berührung zu schenken. Weiterhin können Sie dann auch davon ausgehen, dass es wirklich wach ist. Ein kurzes Reinrufen hat schon bei vielen Kindern zu einem Zuspätkommen geführt.

Im Anschluss werden Sie sicherlich wieder in die Küche gehen und darauf warten, dass Ihr Sprössling Ihnen folgt. Wie begrüßen Sie Ihr Kind, wenn es dann tatsächlich bei Ihnen ist? Sagen Sie nur kurz „Guten Morgen" oder nehmen Sie es auch kurz in den Arm? Wenn Sie nebenbei mit den Vorbereitungen für die Schule zu tun haben, wird die Begrüßung sicherlich nur knapp ausfallen. Es wird auch Ihr Kind nicht stören, denn schließlich kennt es das ja nicht anders. Aber nun überlegen Sie kurz: Wäre es nicht doch möglich, den Start in den Tag mit einer lieben Umarmung zu beginnen? Es kostet nicht viel Zeit, und Sie können Ihrem Kind auf diese Weise sehr viel Nähe schenken. Sie werden schnell merken, wie sehr Ihr Kind das genießt. Sie geben ihm nicht nur Liebe, sondern auch sehr viel Kraft für den Tag, der auch nicht immer leicht sein wird.

Das kleine Umarmungsritual können Sie dann auch am Abend fortführen. Schließen Sie den Tag mit dieser Geste ab und bringen Sie Ihr Kind niemals im Streit ins Bett. Ganz gleich, was zwischen Ihnen stand: Klären sie es zusammen, bevor der Schlaf hereintritt. So findet nicht nur Ihr Kind schneller Ruhe, sondern auch Sie selbst. Denn auch, wenn Sie es sich nicht anmerken lassen werden, können Sie Ihre Gedanken nicht ewig verstecken.

Kurz zusammengefasst kann gesagt werden: Umarmen Sie Ihr Kind ruhig mehrmals am Tag. Es kostet nicht viel Zeit, gibt

Ihrem Kind aber sehr viel Liebe. Wichtig ist aber auch, dass Sie sich nicht aufdrängen sollten, denn manchen Kindern kann es auch zu viel werden. Wenn Sie diese Signale erhalten, folgen Sie der stummen Bitte, aber seien Sie nicht beleidigt oder traurig. Es liegt nicht an Ihnen, und es gibt kein Kind, dass gänzlich ohne Kuscheleinheiten durch den Tag gehen möchte!

2. Tipp: Aufgaben im Alltag

Jedes Kind hat irgendwann im Alltag seine festen Aufgaben. Sei es das Aufräumen des Zimmers oder die Fertigstellung der Hausaufgaben: Sicherlich wird auch Ihnen sehr schnell etwas einfallen, was auf Ihr Kind zutrifft.

Dass diese festen Aufgaben nicht immer auf ein Lächeln stoßen, ist nur zu verständlich. Denn wer räumt schon gerne sein Zimmer auf, wenn das Spielen gerade viel größeren Spaß macht? Und wer möchte schon gerne die Blumen gießen, wenn gleich die beste Freundin vor der Tür steht? Hier ist es nur schwer, ein Argument zu finden, was wirklich überzeugt. Sollten Sie dann einfach nachgeben? Nein, lieber nicht! Wenn Sie das einmal tun und dann auch noch zweites Mal schwach werden, wird Ihr Durchsetzungsvermögen nur noch mehr geschwächt. Ganz abgesehen davon gibt es Aufgaben, die einfach keinen Aufschub dulden: Denn wenn Ihr Kind nicht vor dem Spielen die Hausaufgaben erledigt, werden diese morgen in der Schule ganz sicher nicht vollständig sein!

Doch was können Sie tun, wenn Sie Ihren Sprössling einfach nicht erreichen? Der Schlüssel zum Glück heißt „spielerisch handeln“. Kinder versuchen fast immer, sich gegen Verpflichtungen, die ihnen keinen Spaß machen, zur Wehr zu setzen. Ganz gleich, wie Sie argumentieren: Ihr Kind wird fast immer das letzte Wort haben, und Sie werden erstaunt sein, welche Gründe es für das Verschieben findet.

Versuchen Sie daher, alles, was als störend und anstrengend empfunden wird, in ein Spiel zu verpacken.

Es gibt sehr viele Möglichkeiten, wie Sie das umsetzen können. Vielleicht erfinden Sie ein kleines Rollenspiel oder arbeiten einfach an Ihrer Ausdrucksweise. Wichtig ist immer, dass es zu Ihnen selbst und auch Ihrem Kind passt. Wenn am Ende die Aufgabe, die eigentlich zu gerne aufgeschoben worden wäre, sogar großen Spaß machte, haben Sie alles richtig gemacht. Der Einstieg wird vielleicht nicht ganz leichtfallen, aber Ihr Kind wird Ihnen dabei helfen und Sie schnell in das Spiel miteinbeziehen.

Versuchen Sie es und finden Sie heraus, wie schön es sein kann, wenn Ihr Sprössling ohne Diskussionen „an die Arbeit" geht. Sie kommen dabei nicht nur schneller an Ihr Ziel, sondern stärken auch Ihre Bindung!

3. Tipp: Handy zur Seite legen

Wie oft schauen Sie am Tag auf Ihr Handy? Für viele Menschen ist das schon der erste Blick am Morgen, weil dieses elektronische Gerät für das Wecken zuständig ist. Und dann dauert es auch gar nicht mehr lang, bis die Nachrichten überprüft und andere Kontrollen vorgenommen werden. Stellen Sie sich nun einmal selbst die Frage: Wie verhält es sich beim Frühstück? Auch wenn es für Sie jetzt beängstigend klingen mag und es nur auf pures Unverständnis trifft, kommt es sehr oft vor, dass eine Unterhaltung beim Frühstück gar nicht mehr möglich ist. Während das Kleinkind schweigend seinen Toast oder sein Müsli verzehrt, schauen Mama und Papa nur stur auf das Smartphone und tauschen sich so über die neusten Nachrichten aus. Wie sich das Kind dabei fühlt, wird oft gar nicht wahrgenommen. Und auch, wenn es kaum zu glauben ist: Selbst für das Kind ist dieses Verhalten schon normal, und es scheint sich gar nicht mehr daran zu stören.

Doch sollte so wirklich ein Tag beginnen, und ist es wirklich wichtig, dass ein Handy über einem Kind steht? Sicherlich werden Sie diese beiden Feststellungen bei kurzer Betrachtung schon mit einem klaren „Nein" beantworten. Ganz besonders der Morgen sollte völlig anders beginnen. Denn hier hat Ihr Kind noch die Möglichkeit, mit Ihnen über Sorgen zu reden. Vielleicht fürchtet es sich vor der anstehenden Mathearbeit oder ist traurig, weil sein bester Freund heute nicht im Kindergarten sein wird. Kleine Kinder können viele Emotionen und Gedanken in sich tragen, die sie sehr stark beschäftigen. Doch sie werden Ihnen diese Ängste nicht mitteilen, wenn Sie die ganze Zeit nur auf Ihr Handy schauen. Setzen Sie sich mit Ihrem Kind zusammen an den Tisch und seien Sie ganz bei ihm. Sie müssen nicht versuchen, etwas aus ihm „herauszubekommen". Wenn es Ihnen etwas mitteilen möchte, wird es das auch ganz bestimmt machen.

Doch nicht nur beim gemeinsamen Frühstück können Sie Ihrem Kind sehr viel näherkommen. Sollten Sie es morgens zur Schule oder in den Kindergarten fahren, achten Sie auf die Lautstärke des Radios. Auch Anrufe können Sie sicherlich noch dann erledigen, wenn Sie wieder allein sind. Sie werden schnell merken, dass ein nettes Gespräch mit Ihrem Kind im Auto viel schöner sein kann als laute Musik, die alles andere um Sie herum verschlingt.

Kurzum: Moderne Technologien sind aus der heutigen Zeit nicht mehr wegzudenken, sollten aber niemals vor den Belangen eines Kindes stehen. Grundsätzlich sollten Sie sich überlegen, ob es wirklich wichtig ist, jetzt einen Anruf zu erledigen oder die E-Mails zu schicken. Sicherlich haben Sie auch dann noch Zeit, wenn Ihr Kind das Haus verlassen hat oder wenn Sie es selbst in die Schule gebracht haben.

Jeder Moment, den Sie mit ihm verbringen können, ist wichtig und bringt Sie näher zusammen. Und das ist nicht nur dann wichtig, wenn ein Streit vorangegangen ist. Seien Sie ganz bei Ihrem Kind und nicht nur halb! Alles andere ist nicht so wichtig.

4. Tipp: ganz viel Zeit

Es ist nicht von der Hand zu weisen: Der Alltag eines Erwachsenen ist geprägt von Verpflichtungen und Terminen. Sich diesen gänzlich zu entziehen, ist so gut wie unmöglich, und dieses Wissen macht es nicht gerade leichter.

Doch auch wenn es schwer ist: Freiraum für sich und natürlich auch Ihr Kind ist dennoch wichtig. Wie können Sie sich diesen aber schaffen? Der erste Schritt wäre, nicht zu allem, was an Sie herangetragen wird, „Ja“ zu sagen. Denken Sie immer daran, dass auch Sie noch ein Leben haben. Natürlich ist es mehr als löblich, wenn Sie auf der Arbeit für einen Kollegen einspringen, weil dieser einen wichtigen Termin hat. Aber es sollte nicht zur Regel werden. Sie müssen immer daran denken, dass auch bei Ihnen noch ein Kind wartet, welches nach dem Job Ihre Aufmerksamkeit braucht.

Wenn Sie schon jetzt im Kopf versuchen, Ihren ganzen Tagesplan völlig auf den Kopf zu stellen, sollten Sie erst einmal durchatmen. Natürlich ist es wichtig, dass Sie voll und ganz bei Ihrem Kind sind, aber das muss auch nicht 24 Stunden der Fall sein. Je nach Alter gibt es hier auch sehr große Unterschiede. Achten Sie auf die Bedürfnisse Ihres Sprösslings und finden Sie heraus, was auch in seinem Sinn ist.

Grundsätzlich kann aber gesagt werden, dass 15 Minuten intensiv genutzte Zeit schon sehr viel bewirken können. Vielleicht klingt es im ersten Moment nicht nach viel, aber Sie werden schnell merken, wie sich Ihre gemeinsame Bindung verstärkt und wie Sie schon bald die Nähe zu Ihrem Kind ganz neu spüren können. Während dieser Zeit geht es darum, dem Wunsch Ihres Schatzes nachzukommen. Vielleicht mag das in Hinsicht der Erziehung nicht unbedingt förderlich klingen, aber es ist wichtig. Es geht hierbei nicht darum, dass Sie jeden Wunsch erfüllen und ihm alles bringen, was es sich wünscht. Vielmehr sollten Sie diese Zeit gemeinsam nutzen und beispielsweise mit einem Spiel verbringen. Fragen Sie Ihr Kind, auf was es in diesem Moment Lust hat, und kommen Sie seiner Bitte nach. Das könnte das gemeinsame Puzzeln oder auch das Anschauen eines Buches sein. Genauso gut wäre eine lustige Kissenschlacht oder ein Brettspiel möglich. Die Wünsche Deines Kindes können jeden Tag anders ausfallen.

Abstand sollte jedoch von dem Wunsch nach Fernsehen genommen werden. Es steht außer Frage, dass Ihr Kind ab und an gerne fernsehen wird. Es ist heute auch kaum noch möglich, ohne diese Beschäftigung aufzuwachsen. Aber das hat mit einer gemeinsamen Unternehmung nicht sehr viel zu tun. Augenmerk sollte daraufgelegt werden, dass Sie sich ganz intensiv mit Ihrem Kind beschäftigen können.

Sicherlich wird dieses Vorhaben für Sie oft eine kleine Herausforderung darstellen. An manchen Tagen ist es leicht, weil Sie keinen engen Zeitplan haben, an anderen Tagen aber wiederum gar nicht. Hier wissen Sie nicht, wo Sie zuerst sein sollen. Aber auch wenn es schwer ist: Versuchen Sie, sich jeden Tag diese 15 Minuten zu nehmen. Ihr Kind wird es Ihnen danken, und Ihre Bindung wird gestärkt.

Und eines ist sicher: Das gemeinsame Spiel wird Ihnen jeden Tag ein Lächeln ins Gesicht zaubern, sodass der Alltagsstress gar nicht mehr so groß erscheint.

5. TIPP: GEFÜHLE ZULASSEN.

Zeigt Ihr Kind oft und gerne seine Gefühle oder ist es eher schwer, hinter seine Fassade zu blicken? Auch wenn unsere Kleinen nur selten ganz bewusst Ihre Emotionen verbergen können, gibt es einige unter ihnen, die nicht so gerne zeigen, was sie gerade denken und fühlen. Das kann ganz unterschiedliche Gründe haben.

Vielleicht ist es einmal vorkommen, dass ein anderes Kind im Kindergarten gelacht hat, weil Ihrem Kind eine kleine Träne über die Wange gerollt ist. Möglich wäre auch, dass es selbst über eine Situation gelacht hat, obwohl sich ein Junge wirklich wehgetan hat. Es war natürlich nicht seine Absicht, aber es ist nicht immer möglich, einen solchen Moment klar einzuschätzen. Doch es kann dazu führen, dass Ihr Kind nun einmal mehr überlegt, ob es über etwas lacht oder nicht. Hinter diesen Gedankengängen verstecken sich oft Kinder, die sehr viel hinterfragen.

Doch es gibt auch die andere „Gruppe“. Hier verbergen sich die Kleinen, die ganz offen mit Ihren Gefühlen umgehen. Sie umarmen andere herzlich oder weinen einfach los, wenn es ihnen schlecht geht. Sie fragen nicht danach, ob es jetzt gerade richtig oder falsch ist. Sie fühlen, und das möchten sie auch zeigen.

Grundsätzlich gilt jedoch, dass Kinder noch lernen müssen, Ihre Gefühle zu verstehen. Auch wenn es nun unfassbar klingt, gehört es zum Prozess des Älterwerdens dazu.

Vielleicht hilft es Ihnen, wenn Sie einen Moment an Ihre Kindheit zurückdenken. Waren Sie in Ihren Gefühlsregungen verhalten oder einfach nur frei heraus? Wussten Sie sofort, ob es jetzt, in diesem einen Moment, richtig ist, zu lachen? Vielleicht mussten Sie sich irgendwann selbst dabei ertappen, dass Sie irrtümlich gelacht haben oder selbst belächelt wurden, weil Sie einmal traurig waren. Mit diesen Gedanken im Kopf können Sie vielleicht auch verstehen, wie Ihr Kind heute mit seinen Emotionen umgeht.

Eines ist jedoch ganz wichtig: Ihr Kind sollte mit der Zeit lernen, seine Gefühle zu zeigen, und Sie können ihm dabei helfen. Ganz oben auf der Liste steht dabei das Vertrauen. Ihr Kind wird nur dann offenbaren, was es denkt und fühlt, wenn es seinem Gegenüber zu 100 % vertraut. Besonders dann, wenn es vielleicht schon einmal schlechte Erfahrungen machen musste.

Lassen Sie ruhig zu, wenn es sich über etwas ärgert, und tadeln Sie es in einer solchen Situation nicht noch zusätzlich. Auch wenn der Grund für seinen Unmut nur ganz „klein“ ist, lohnt es sich in jedem Fall, der Sache Raum zu geben. Im nächsten Schritt können Sie beruhigend auf Ihr Kind zugehen und ihm seinen Kummer nehmen. Dann weiß es, dass es offen mit seinen negativen Gedanken umgehen darf. Verständnis ist also das A und O. Sie werden überrascht sein, wie stark sich das auf Ihre Bindung auswirken wird.

6. TIPP: MITGEFÜHL ZEIGEN

Was einfach klingt, ist im stressigen Alltag für Eltern gar nicht so leicht umzusetzen.

Wie verhalten Sie sich, wenn Ihr Kind mit Sorgen zu Ihnen kommt? Nehmen Sie sich sofort Zeit für ein Gespräch, oder schieben Sie diese Gedanken erst einmal zur Seite?

Stellen Sie sich vor, Sie sind gerade mit einer wichtigen Arbeit am heimischen Computer beschäftigt oder müssen sogar noch für den nächsten Tag im Job etwas vorbereiten: Genau in diesem Moment tritt Ihr Kind an Sie heran und klagt Ihnen seine Sorgen. Es ist ersichtlich, dass es wichtig ist. Doch was unternehmen Sie in diesem Moment? Auch wenn es jetzt schwer einzugestehen ist, neigen Sie sicherlich auch ab und an dazu, das Problem einfach auf später zu vertagen. Natürlich wird Ihr Kind der Bitte nachkommen. Irgendwann sind Sie mit Ihrer Arbeit fertig und suchen dann das Gespräch. Doch hier stellt sich dann wirklich die entscheidende Frage, ob Ihr Kind seine Gedanken noch teilen möchte. Entweder hat es vielleicht schon selbst eine Lösung gefunden, oder es „schaltet auf stur". Sie hatten keine Zeit, und nun möchte es selbst auch einfach mal keine Zeit haben. Sehen Sie es Ihrem Kind nach: Es ist noch nicht in der Lage, zu erkennen, wie wichtig Ihre Arbeit oder die Beschäftigung war. Seine Sorgen stehen in diesem Augenblick ganz klar im Vordergrund.

Aus diesem Grund versuchen Sie, ganz gleich was Sie gerade vorhaben, Ihrem Sprössling ein offenes Ohr zu schenken. Es geht nicht darum, ihm sofort einen zielgerichteten Rat zu geben. Es reicht manchmal schon aus, wenn Sie ihm einfach nur zuhören und auf diese Weise ganz bei ihm sind. Ihr Kind ist auf der Suche nach einem offenen Ohr! So bekommen Sie einen Eindruck davon, wie es gewisse Dinge sieht, und können natürlich auch helfen, wenn das nötig ist oder in Ihrer Macht steht.

Denn sicherlich wissen Sie aus eigener Erfahrung, dass es manchmal schon reicht, wenn Ihnen ein lieber Mensch zuhört. Es braucht nicht immer Worte, sondern einfach nur ein Herz, welches Ihre Probleme ein Stück weit mit tragen kann.

Ihrem Kind geht es da nicht anders. Nehmen Sie ihm ein paar Sorgen ab. Es wird Ihnen unsagbar dankbar sein, und das Band zwischen Ihnen wird noch enger geknüpft werden.

7. Tipp: Den Moment leben

Kein Tag ist wie der andere, und es gibt immer etwas Neues zu entdecken.

Wie gestalten Sie den Alltag mit Ihrem Kind? Gibt es einen strikten Zeitplan oder gehen sie den Tag doch eher locker an? Eines sollte ganz klar gesagt werden: Beides ist wichtig! Jedes Kind sollte Regeln haben. Natürlich muss es sich auch frei entfalten können, und Pläne sind bekanntlich auch dazu da, dass sie nicht immer aufgehen. Aber es gibt dennoch Richtlinien, die auch von jedem Kind verfolgt werden sollten. Diese Regeln können zum Beispiel im morgendlichen Aufstehen begründet sein. Damit Ihr Kind pünktlich in die Schule oder den Kindergarten gebracht werden kann, ist es unter der Woche nur in den Ferien möglich, länger im Bett zu bleiben.

Dennoch ist es auch wichtig, von gewissen Plänen das ein oder andere Mal etwas Abstand zu nehmen. Möglich ist dies beim Abendritual. Natürlich heißt es hier nicht – obwohl es die meisten Kinder sehr glücklich stimmen würde -, das lange Aufbleiben zu erlauben. Guter und ausreichender Schlaf ist sehr wichtig, ganz besonders für die kleinen Heranwachsenden. Doch Sie können das Schlafengehen noch ein wenig ausschmücken. Reden Sie am Bett mit Ihrem Kind über den Tag und lesen Sie eine Geschichte, die es sich selbst ausgesucht hat. Wenn es Spaß daran hat und schon in die Schule geht, kann es gerne auch selbst lesen und somit gleich spielerisch seine Fähigkeiten verbessern.

Doch Sie haben noch mehr Möglichkeiten. Vor dem Essen und auch dann, wenn Ihr Kind nach dem Spielen hereinkommt, ist es wichtig, dass es sich gut die Hände wäscht. Das allein ist doch schon recht langweilig und führt nur viel zu oft dazu, dass es einfach vergessen wird. Spielen Sie ein wenig zusammen mit dem Wasser und betrachten Sie mit Ihrem Sprössling, wie es langsam die Hände hinunterrinnt. Auf diese Weise bekommt eine so alltägliche Aufgabe sofort eine andere Bedeutung.

Lachen Sie zusammen mit Ihrem Kind und lassen Sie die Arbeit einfach liegen. Nutzen Sie die positiven Momente, um die schweren Zeiten gemeinsam noch leichter zu meistern. Sie geben Ihnen Kraft und helfen durch alle Lebenslagen.

Es ist kaum zu glauben, aber die Kindheit ist nach ungefähr 900 Wochen schon vorbei. Was viel klingt, ist viel zu schnell beendet, und sicherlich haben Sie es auch schon gemerkt. Es ist noch gar nicht so lange her, als Ihr Kind das Licht der Welt erblickte, und nun geht es vielleicht schon zur Schule. Fragen Sie sich dann nicht manchmal, wo die Zeit geblieben ist?

4. Kapitel: die richtige Kommunikation zwischen Eltern und Kind

„WIE SAGE ICH ES NUR?“

Reden ist Gold wert! Sicherlich kennen auch Sie diesen Spruch. Dennoch scheint es manchmal sehr schwer zu sein, die richtigen Worte zu finden. Ein anderes Mal fragen wir uns, ob es überhaupt gut ist, jetzt etwas zu sagen. Diese Unsicherheiten sind völlig normal, und jeder Mensch begegnet diesen Fragen ab und an im Alltag.

Besonders in der Kommunikation zwischen Eltern und Kindern kann es doch recht oft zu Differenzen kommen. Die Kleinen können nicht immer das ausdrücken, was sie auch wirklich mitteilen möchten. Und auch Eltern haben oft zwischen Erziehung und Alltagsstress Probleme, die richtigen Worte zu finden. Das hat natürlich nichts damit zu tun, dass sie nicht einfühlsam wären oder sich keine Zeit nehmen würden: Es ist das Leben selbst, was jeden Tag neue

Anforderungen stellt und eine gute Kommunikation oft doch sehr schwer macht.

Dennoch gibt es für alle Probleme eine Lösung. Haben auch Sie das Gefühl, dass die Kommunikation zwischen Ihnen und Ihrem Kind schon lange auf der Strecke bleibt? Sie möchten so oft in einem guten Gespräch Ihre Gedanken auf den Punkt bringen und haben dabei aber leider viel zu oft das Gefühl, dass der wahre Kern Ihrer Emotionen gar nicht ankommt?

Hier dürfen Sie nicht aufgeben! Es wird auch Ihnen schon bald möglich sein, Ihrem Kind endlich das zu sagen, was Sie auch wirklich möchten. Wenn Sie denken, Sie stehen nun vor einer unlösbaren Aufgabe, so irren Sie sich. Seien Sie ganz beruhigt und lassen Sie sich von den folgenden Tipps inspirieren. Es ist wahrlich keine Zauberei, sich mit Ihrem Kind in der Kommunikation auf einer Ebene zu treffen.

Erfahren Sie, wie schön es sein kann, ein schönes und leichtes Gespräch mit Ihrem Kind zu führen. So sagen Sie Unverständnis und falschen Worten den Kampf an. Zurück bleiben nur noch pures Verständnis und ein wunderbares Lächeln!

TIPPS FÜR EINE GUTE KOMMUNIKATION

Und nun lassen Sie sich in die Welt der Worte entführen. Sie werden überrascht sein, wie einfach es sein kann und wie schnell Sie den ein oder anderen Hinweis in Ihren Alltag einbauen können.

Wortlosigkeit war gestern!

1. Tipp: Das Gespräch starten

Eine gute Kommunikation kann natürlich nur dann gelingen, wenn auch der Einstieg gut gewählt ist. Und dieser kann ganz sicher nicht zwischen „Tür und Angel“ vonstattengehen. Sicherlich ertappen Sie sich beim Zurückdenken dabei, wie Sie schon einmal „in der Zimmertür“ Ihres Kindes standen und dort versuchten, ein Gespräch zu beginnen. Ganz gleich, ob der Grund positiv oder negativ war: Es wird bestimmt recht schwer gewesen sein, sich mit Ihrem Kind auf einer Ebene zu treffen. Gründe hierfür können sein, dass Ihr Sprössling natürlich mit ganz anderen Dingen beschäftigt war oder dass Sie immer den Anschein erweckten, gar keine Zeit zu haben.

Für die Zukunft wäre es somit in jedem Fall besser, das Gespräch an einem anderen Ort zu beginnen. Und was eignet sich besser dafür als der Esstisch? Hier trifft sich die gesamte Familie, sooft es am Tag möglich ist. Sei es morgens nach dem Aufstehen oder auch am Wochenende zum Mittag. Aber zum Abendessen sind hier in den meisten Familien alle zusammen und reden über den Tag.

Ganz gleich, wann Sie sich mit Ihrer Familie am Tisch treffen: Hier können Sie uneingeschränkt über alles sprechen. Reden Sie mit Ihren Kindern über den Tag und lassen Sie sich ruhig berichten, was sie erlebt haben. Es geht nicht immer nur darum, Sorgen „auf den Tisch“ zu bringen, sondern auch einfach nur über die Erlebnisse zu reden. Dabei werden Sie staunen, was Kinder am Tag so alles erleben.

Dieses tägliche Treffen hat sehr viele Vorteile. Sie haben wirklich Zeit zuzuhören, denn niemand ist hier in Eile. Sie bieten Ihrem Kind die Möglichkeit, ganz frei und ausgelassen zu berichten. Auch dann, wenn es etwas Negatives erlebt hat, kann es nun ganz uneingeschränkt sprechen und ist sich sicher, dass Sie wirklich ein offenes Ohr haben. Sollte Ihr Kind dennoch unsicher sein, muntern Sie es ruhig auf und signalisieren Sie ihm, dass es alle Zeit der Welt hat. Öffnen Sie ihm eine Tür, damit das Gespräch auch wirklich uneingeschränkt starten kann. Aber beachten Sie dabei auch, dass Sie es nicht zwingen sollten. Dann könnte sich die Tür ganz schnell wieder schließen und es herrscht nur ein beharrliches Schweigen am Esstisch.

2. Tipp: Körperkontakt und Blicke

Ein gutes Gespräch ist nur dann auf Dauer gegeben, wenn Sie Ihr Kind auch ansehen. Das kennen Sie sicher. Denn wenn Sie beispielsweise im beruflichen Bereich Ihre Gesprächspartner nicht mit Blicken würdigen könnten, wäre eine gute Kommunikation in keinem Fall gegeben.

Vergessen Sie also nie, Ihrem Kind auch in die Augen zu sehen und sich im besten Fall mit ihm auf Augenhöhe zu begeben. Knien Sie sich dazu am besten hin oder setzen Sie sich neben ihm auf einen Stuhl. Ganz gleich wie: Ihr Kind wird sich freuen, wenn Sie sich mit ihm auf eine Höhe begeben.

Doch nicht nur Blicke sind wichtig, auch der Körperkontakt baut sehr viel positive Stimmung auf. Berühren Sie dazu Ihr Kind sanft auf der Schulter oder streicheln Sie ihm über den Kopf, wenn etwas besonders schwerfällt. Hierzu gibt es natürlich keine klaren Regeln. Hören Sie einfach darauf, was Ihr Innerstes Ihnen sagt, und hadern Sie nicht mit sich. Körperkontakt ist in jedem Gespräch erlaubt und wird niemals zu viel (im Beruf sieht es selbstverständlich anders aus).

Grundgedanke des Augen- und Körperkontaktes ist, dass Sie Ihre persönliche Botschaft noch einmal unterstreichen und Ihrem Kind auch noch die letzten Sorgen und Ängste nehmen. Sie werden erstaunt Sie, wie gut es wirkt!

3. Tipp: Übereinstimmung von Verhalten und Worten

Es gibt durchaus Situation, in denen wir äußerlich nur schwer das vermitteln können, was wir gerade sagen. Besonders Eltern haben es hier oft schwer. Ist es Ihnen auch schon einmal passiert, dass Ihr Kind etwas gemacht hat, was es eigentlich nicht sollte, und dennoch mussten Sie bei dem Ergebnis schmunzeln?

Es geht natürlich nicht, dass Sie mit Ihrem Kind schimpfen und dabei ein Lächeln auf dem Gesicht haben. Sie senden ihm damit widersprüchliche Signale, es weiß nicht, was Sie ihm jetzt sagen möchten, und natürlich würde es Ihre Worte auch in keiner Weise ernst nehmen.

Versuchen Sie also immer, Ihre Worte auch mit Ihrer Gestik und Mimik in Einklang zu bringen. Das klingt leichter als es manchmal ist. Kontrollieren Sie sich immer ein Stück weit selbst und hinterfragen Sie, ob Ihr Gesicht in diesem Moment auch wirklich das sagt, was Sie gerade mit Ihren Worten aussprechen. Sollte das nicht der Fall sein, atmen Sie durch und ordnen Sie bewusst Ihre Gesichtszüge. Achten Sie aber darauf, dass Ihr Kind wiederum das nicht bewusst wahrnimmt, oder warten Sie einfach, bis Sie das klärende Gespräch beginnen.

Wichtig ist auf jeden Fall immer, dass Sie ein ernstes Gespräch auf diese Weise führen und auch ein inneres Lächeln nicht erkennen lassen.

4. Tipp: Richtige Aussagen treffen

Nicht immer ist es einfach, die richtigen Worte zu finden. Aber es ist mehr als wichtig. Wie oft hadern Sie mit sich, weil Sie sich nicht sicher sind, wie Sie Ihr Kind auf etwas ansprechen? Aber nicht immer sind es diese wichtigen und nachhaltigen Gespräche. Manchmal sind es auch schon die kleinen Aussagen, die nur dann richtig aufgenommen werden können, wenn Sie sie auch richtig klar formulieren.

Kleine Kinder sind schon oft mit zu langen Sätzen überfordert. Auch wenn Sie als Erwachsener den Sinn sofort erfassen und danach handeln würden, bleiben für Kleinkinder oft nur Fragen zurück. Verwenden Sie im Gespräch mit Ihrem Kind also keine Sätze wie: „Möchten wir jetzt raus in den Wald gehen oder willst Du lieber drin etwas mit mir spielen?" Dieser Satz scheint für Sie leicht verständlich zu sein, aber Ihr Kind würde große Probleme haben, ihn zu verstehen. Es würde sich fragen, ob es nun in den Wald geht oder ob jetzt doch das Spielen in den vier Wänden auf dem Plan steht. Oftmals bleibt die Feststellung, dass es sich hierbei um eine Frage handelt, völlig im Hintergrund, und Sie müssten somit lange auf eine Antwort warten.

Formulieren Sie somit Ihre Anliegen immer in kurzen und präzisen Sätzen. Sagen Sie lieber „Wir gehen jetzt in den Wald!" oder „Lass uns in Deinem Zimmer etwas spielen!".

Hier wird Ihr Kind vor keine Entscheidung gestellt und weiß ganz klar, um was es Ihnen geht. Wenn es selbst einen anderen Plan hat, dann wird es diesen sicherlich zur Sprache bringen. Aber Ihre Aussage ist erst einmal ganz klar, und das bedeutet für Ihr Kind auch sehr viel Sicherheit.

5. Tipp: Gut und aktiv zuhören

Was verstehen Sie unter dem aktiven Zuhören? Wenn Sie sich mit einem Menschen in Ihrem Alter unterhalten, zeichnet sich das sicherlich durch Blickkontakt, Nicken und Antworten aus. Bei Kindern verhält es sich ähnlich. Wichtig ist hierbei jedoch auch, dass Sie auf Ihre Gefühle eingehen und, wenn es passt, das Gesagte auch mit den eigenen Worten wiederholen. So können Sie sich auch die Bestätigung einholen, dass Sie alles richtig verstanden haben. Denn besonders Kinder sind manchmal sehr aufgeregt und neigen dazu, viel durcheinander wiederzugeben. Es liegt einfach in Ihrer Natur. Je älter sie werden, desto besser werden sie Ihre Gedanken auch kontrollieren können. Wiederholen Sie bis dahin das, was Sie verstanden haben, und zeigen Sie Ihrem Kind, dass Sie wirklich aktiv zuhören.

Des Weiteren ist es ratsam, Ihrem Kind immer eine Rückmeldung zu geben. Schauen Sie es an und zeigen Sie ihm, dass Sie sein Unbehagen verstehen können. Sollten Sie jedoch mit seiner Meinung nicht zufrieden sein, offenbaren Sie auch das. Teilen Sie ihm mit, dass es vielleicht auch möglich gewesen wäre, anders zu handeln. So wird sich Ihr Kind auf jeden Fall verstanden fühlen und merken, dass Sie sich seinen Worten auch wirklich annehmen.

Vielleicht klingt dieser Hinweis für Sie jetzt sehr alltäglich, und Sie fragen sich, warum ihm eine so große Beachtung geschenkt wird. Hier ist zu sagen, dass es nicht für alle Eltern selbstverständlich ist, Ihrem Kind auch wirklich zuzuhören. Es wird zwar versucht, aber oft genug scheitert dieser Versuch leider kläglich. Aufgrund dessen sollten hier nochmals die Vorteile genau beleuchtet werden. Was signalisieren Sie Ihrem Kind, wenn Sie ihm wirklich richtig, also aktiv, zuhören?

- Es spürt, dass Sie seine Meinung akzeptieren. Ob Sie diese gut finden oder nicht, spielt hier erst einmal keine Rolle und kann später noch diskutiert werden. Wichtig ist zunächst, dass die Meinung des Kindes Sie erreicht hat und dass Sie einverstanden sind, dass auch Ihr Sprössling seine Ansichten vertritt.

- Ihr Kind erfährt, dass es ein schönes Gefühl ist, beachtet zu werden, und lernt auch das Einfühlungsvermögen kennen. Es geht nun nicht mehr nur darum, lieb zu sein und auf Mama und Papa zu hören (was natürlich nach wie vor beibehalten werden sollte), sondern auch frei und selbstbewusst die eigene Meinung zu äußern.

- Wenn Ihr Kind seine Ansichten frei aussprechen kann, ist es auch viel einfacher, sich selbst zu beurteilen. Das kennen Sie sicherlich selbst: Manchmal vertreten Sie eine Meinung und tragen diese unausgesprochen mit sich herum. Sie sind sich sicher, dass Sie recht haben. Doch wenn Sie Ihre Idee erst einmal äußern, kann es plötzlich einen ganz anderen Lauf nehmen, und Sie überdenken sie vielleicht noch einmal. So kann es auch Ihrem Kind ergehen, und das ist ein wichtiger Schritt in der kindlichen Entwicklung.

- Probleme werden immer wieder im Alltag auftreten. Doch sollten Sie diesen nicht nur aus dem Weg gehen, indem Sie sie zur Seite schieben. Aus einer guten Problembewältigung im Alltag kann Ihr Kind lernen, und so wird es schon bald in der Lage sein, seine Probleme zumindest ein Stück weit selbst zu bekämpfen. Es wird Lösungen entwickelt und glücklich feststellen, dass nichts unmöglich ist!

6. Tipp: Lösungen dem Kind überlassen

Viele Eltern sind der Meinung, dass Sie Ihrem Kind besonders helfen, wenn Sie schon fertige Lösungen parat haben. Doch leider ist genau das nicht der Fall. Dieses Handeln hält Ihr Kind nicht nur davon ab, sich selbst Gedanken zu machen, sondern schränkt es auch in seiner Selbstständigkeit sehr stark ein. Hinzu gesellt sich die Tatsache, dass die meisten Kinder den Eltern nicht widersprechen würden.

Denn sie Sorgen sich, dass genau das nicht verstanden werden könnte. Auch dann, wenn Sie als Eltern sagen würden, dass es sich nur um einen Vorschlag handelt, können Sie fast schon sicher davon ausgehen, dass Ihr Kind Ihre Worte annehmen würde, ganz gleich, ob es eine andere Idee hätte.

Warten Sie also immer mit Ihrer Meinung! Hören Sie sich in aller Ruhe an, was Ihr Kind zu sagen hat, und wenn es einen Tipp möchte, dürfen Sie diesen natürlich auch gerne geben. Aber halten Sie sich bitte zurück, bis es mit dieser Bitte an Sie herantritt.

Die Entwicklung eigener Lösung wird Ihr Kind in sehr vielen Bereichen des Alltags positiv fördern, denn es wird immer wieder Situationen geben, die genau das erfordern. Sei es im

Spiel, in der Schule, im Kindergarten oder einfach bei einem Gespräch unter Freunden: Lösungsvorschläge sind immer gerne gesehen und werden Ihrem Kind bei der persönlichen Entwicklung sehr weiterhelfen.

7. Tipp: Verwende Ich-Botschaften

Wie oft verwenden Sie im Gespräch mit Ihrem Kind sogenannte „Ich-Botschaften"? Diese Formulierungen haben einen großen Vorteil: Sie vermitteln Gefühle und Wünsche viel besser, als es Umschreibungen jemals könnten. Nehmen wir als Beispiel folgende Aussage: „Würdest Du jetzt Dein Zimmer aufräumen?" Wie würde Ihr Kind reagieren, wenn Sie es so ansprechen würden? Sicherlich würde es erst einmal mit einer Gegenfrage kontern, weil Aufräumen eher nicht in seinem Sinn ist. Versuchen Sie es also gleich damit: „Ich würde mich freuen, wenn Du jetzt langsam Dein Zimmer aufräumen könntest!". Mit dieser Aussage sprechen Sie ganz klar aus, was „Sie" jetzt möchten. Es lässt keine Fragen offen, und Ihr Kind fühlt sicherlich mehr animiert. Hinzu gesellt sich auch noch die Tatsache, dass Sie ihm klar vermitteln, dass Sie sich darüber freuen würden.

Versuchen Sie es und lassen Sie sich von der Reaktion Ihres Kindes überraschen!

8. Tipp: Vermeiden Sie Tabus

Gibt es in Ihrem Familienleben Themen, die strikt vermieden werden, oder können Sie mit Ihren Kindern offen über alles reden?

Wenn die zweite Möglichkeit der Fall ist, sind Sie auf dem richtigen Weg. Sollte das jedoch nicht der Fall sein, ist es wichtig, Ihre Denkweise noch einmal unter die Lupe zu nehmen. Auch wenn es im Leben oft Dinge gibt, die wir nicht gerne ansprechen, ist es besonders für die Entwicklung Ihres Kindes sehr wichtig.

Besonders wichtig ist es dann, wenn Ihr Sprössling einen Fehler gemacht oder vielleicht eine schlechte Arbeit geschrieben hat. Er weiß, dass Sie sich nicht darüber freuen werden, und wird auch nicht gerne über solche Angelegenheiten reden, aber was passiert ist, ist passiert. Es bringt in diesem Fall nichts, es zu verschweigen. Früher oder später kommt die Tatsache doch ans Licht, und wenn Ihr Kind beginnt, derlei Dinge zu verschweigen, wird es sich selbst auch nicht wohlfühlen. Dieses Verhalten legt sich wiederum auf die Stimmung, was natürlich auch wieder für das familiäre Miteinander alles andere als gut ist.

Treten Sie an Ihr Kind heran und erklären Sie ihm, dass es mit Ihnen über alles reden kann. Es gibt keine Tabus, denn nichts kann so schlimm sein, dass es nicht angesprochen werden sollte. Und übertrifft eine Nachricht doch einmal Ihre Erwartungen, bleiben Sie ruhig, bevor Sie mit Worten reagieren. Es gibt für alles eine Lösung, und gemeinsam werden sie diese auch ganz sicher finden.

9. Tipp: Einberufung des Familienrates

Viele Familien verfügen über einen sogenannten Familienrat. Wie ist es bei Ihnen? Im Großen und Ganzen funktioniert diese Versammlung so: Alle Mitglieder der Familie treffen sich zu einer festen Zeit in der Woche an einem Tisch und besprechen dort alles, was wichtig ist. Sie werden überrascht sein, was sich in der Woche so ansammeln kann. Hier wird alles besprochen, was das Herz bewegt, dabei spielt es keine Rolle, ob es gute oder schlechte Nachrichten sind.

Auf diese Weise haben Sie die Möglichkeit, die neue Woche zu planen und eventuell auch Veränderungen vorzunehmen. Auch die Meinungen der anderen Familienmitglieder können gleich angehört und eingebracht werden.

Beachten Sie bei Ihren gemeinsamen Gesprächen immer, dass alle am Tisch gleichberechtigt sind. Nur so können Sie auch eine Einigung erzielen, die auf allen Seiten gut ankommt und somit auch schnell umgesetzt werden kann.

Auf diese Weise können Sie auch schon den kleinen Kindern vermitteln, wie wichtig es ist, Verantwortung zu übernehmen, und dass es nichts gibt, was nicht angesprochen und gelöst werden kann.

Sicherlich waren Sie ab und an überrascht! Es ist doch gar nicht so schwer, sich gut und auch nachhaltig auf der kommunikativen Ebene zu bewegen.

Natürlich stoßen alle Eltern auch manchmal an ihre Grenzen und finden einfach nicht die richtigen Worte. Das ist auch völlig normal und sollte Sie nicht verunsichern. Vielleicht finden Sie nach einer kurzen Bedenkzeit die richtige Formulierung oder versuchen so einfach, besser auf Ihr Kind zuzugehen.

Wichtig ist, dass Sie Ihre Gedanken nicht zurückhalten und offen über alles reden. So geben Sie auch Ihrem Kind zu verstehen, dass es keine Probleme gibt, die es nicht mit Ihnen besprechen kann.

Doch ganz gleich ob Sorgen oder Freude: Reden gehört in einer gut strukturierten Familie zum Alltag einfach dazu. Lassen auch Sie die Kommunikation eintreten und nehmen Sie die vielen positiven Veränderungen im Leben wahr!

5. Kapitel: Richtige und gesunde Grenzen setzen

WARUM SIE SO WICHTIG SIND

Nachdem Ihr Kind geboren ist, gibt es ein paar grundlegende Dinge, die den Alltag ausmachen. Sie umsorgen es voller Liebe zu Zuneigung. Sie bieten ihm Nahrung, Liebe und Schutz. Das hat zwei wichtige Gründe: Ihr Kind kann sich natürlich nicht selbst versorgen, und Sie möchten ihm Schutz geben, um somit ein gutes Vertrauensverhältnis aufzubauen.

Je größer Ihr Kind wird, desto mehr ist es ihm selbst möglich, sich zu versorgen. Irgendwann müssen Sie es so zum Beispiel nicht mehr füttern. Zwar bereiten Sie ihm auch weiterhin mit viel Liebe das Essen zu, aber die Mahlzeit kann es schon ganz eigenständig aufnehmen.

Auch wenn es schön ist, dass ein Kind Stück für Stück anfängt, selbstständiger zu werden, bringt es doch einen kleinen Nachteil mit sich: Gefahren können somit nicht mehr so zuverlässig ferngehalten werden. Kinder möchten sich ausprobieren und sind neugierig. Alles, was sie nicht kennen, möchten sie natürlich entdecken. Aufgrund dieser Unwissenheit können sie auch noch nicht einschätzen, wenn etwas nicht gut für sie ist.

Umso wichtiger ist es, dass Ihr Kind lernt, seine Bedürfnisse in gewissen Situation aufzuschieben. Gründe hierfür können negativen Folgen sein oder, weil andere Menschen auch Bedürfnisse haben, die jetzt einfach wichtiger sind. Doch noch viel entscheidender und auch schwieriger ist es, Ihrem Kind aufzuzeigen, dass Grenzen überhaupt vorhanden sind.

Kurzum kann gesagt werden, dass Grenzen dann unbedingt nötig sind, wenn ein Mensch noch zu wenig Verantwortung für sich oder auch seine Mitmenschen übernehmen kann.

KLARE GRENZEN SIND UNERLÄSSLICH

Dennoch ist es für viele Eltern nicht immer leicht, Grenzen zu setzen. Schnell kommt die Frage nach der Wichtigkeit auf und ob diese Richtlinien wirklich einen Sinn ergeben. Hier muss ganz klar gesagt werden: Das machen sie! Denn sie sind nicht nur förderlich für die Entwicklung Ihres Kindes, sondern tragen auch dazu bei, dass Sie weniger schimpfen und bedeutend weniger Konflikte austragen müssen.

Doch nicht nur das – lassen Sie sich von den folgenden Punkten überzeugen!

- Grenzen minimieren ganz deutlich die Gefahr. Wenn Sie Ihrem Kind verbieten, etwas Bestimmtes zu tun, geschieht das aus einem gut überlegten Grund. Auch wenn Ihr Sprössling das Verbot zunächst nicht verstehen kann, wird es Ihnen später dankbar sein.

- Auf diese Weise geben Sie Ihrem Kind festen Halt und mehr Sicherheit. Es wird sich auf Sie verlassen können, und das weiß es auch. Wenn wirklich etwas passiert, sind Sie da und können die Verantwortung übernehmen. Auch wenn Sie sich vielleicht einmal eingestehen müssen, zu vorsichtig zu sein, ist es an Ihnen allein, das wieder in die richtigen Bahnen zu lenken. Aber Ihr Kind trägt an diesem Ausgang keine „Schuld".

- Die richtigen Grenzen fördern auch das harmonische und glückliche Zusammenleben. Auch wenn diese nicht immer auf Freude stoßen, werden Sie irgendwann zur Gewohnheit. Wenn Sie Ihr Kind beispielsweise bitten, immer morgens mit Ihnen aufzustehen, um gemeinsam das Frühstück zu genießen, kann es zwar erst auf Unmut stoßen, aber das familiäre Zusammenleben wird gefördert. Und schon bald wird auch Ihr Kind keine Probleme mehr haben, das Bett eine halbe Stunde eher zu verlassen.

- Die richtigen Grenzen sind wichtig für eine feste und nachhaltige Orientierung. Sie können Ihrem Kind aufzeigen, wie weit es gehen kann. Es bekommt somit vermittelt, dass es selbst in gewissem Maße handeln kann, aber darüber hinaus haben Sie selbst zu entscheiden. Auch wenn Sie der Meinung sind, dass dieser Sachverhalt für Ihr Kind nur schwer verständlich ist, werden Sie überrascht sein. Es wird auf diese Art und Weise schnell eine klare und sichere Orientierung erfahren, die ein wichtiger Wegweiser für das weitere Leben sein kann und sicherlich auch wird.

- Kinder bekommen schon sehr früh mit, dass Eltern aus einer erwachsenen Entscheidung heraus gewisse Grenzen setzen. Sie wählen verantwortungsbewusst und entscheiden aus wichtigen Erfahrungen heraus, die zwar schon sehr lange zurückliegen können, aber deswegen noch genauso viel Tragweite haben. Auf Kinder wirkt das oft sehr entlastend. Denn wenn sie der Aufforderung eines anderen Kindes nicht nachkommen können, dürfen sie somit sagen: „Es geht nicht, denn Mama hat es verboten!"

WAS SIND DIE RICHTIGEN GRENZEN?

Es ist wichtig, dass Sie Ihrem Kind klare und auch deutliche Grenzen setzen. Sicherlich wird es diese nicht immer verstehen, aber irgendwann wird auch ihm bewusst werden, dass sie sein Leben positiv beeinflussen können.

Und dennoch fällt es fürsorgenden Eltern nicht immer leicht, die Grenzen und Werte richtig zu setzen. Vielleicht fragen Sie sich immer wieder, ob Sie nicht zu hart waren oder doch eine intensivere Methode hätten wählen sollen? Ob Sie wirklich die richtige Wahl getroffen haben, kann Ihnen letztendlich nur das Verhältnis zu Ihrem Kind sagen. Wenn Sie beide sich wohlfühlen, sind Sie definitiv auf dem richtigen Weg.

Doch bleibt die wichtige Frage offen: Wie sehen die richtigen Grenzen aus, und wie können Sie diese für Ihr Kind wirklich richtig und hilfreich definieren? Es ist gar nicht so schwer, sondern braucht nur ein klein wenig Hintergrundwissen, das wir in den folgenden Tipps für Sie zusammengestellt haben.

1. TIPP: ALTERSENTSPRECHEND ENTSCHEIDEN

Sie als Mama und Papa möchten Ihr Kind natürlich vor allen Gefahren beschützen. Es ist löblich, aber ist es auch wirklich von Vorteil für die Entwicklung? Bedenken Sie bei einer Entscheidung immer, dass Ihr Kind auch seine eigenen Erfahrungen sammeln muss.

Auch wenn Sie wissen, dass es ihm in gewisser Weise schmerzen könnte: Wenn Ihr Kind das richtige Alter hat, darf es auch gewisse Gänge und Dinge selbst entscheiden. Diese wichtigen Tätigkeiten prägen es und werden ihm aufzeigen, dass es beim nächsten Mal lieber einen anderen Weg gehen sollte. Wenn Sie es hier immer wieder aufhalten würden, könnte es diese Frage niemals sicher beantworten.

Wichtig ist dabei natürlich immer das Alter Ihres Kindes. Je älter es ist, desto mehr dürfen Sie ihm auch ruhig zutrauen. Mit jedem Jahr, das vergeht, sammelt es neue Erfahrungen und ist in der Lage, bestimmte Risiken auch immer besser einzuschätzen.

Für den ersten Moment fällt diese Form des Loslassens sicher nicht leicht, aber es wird Ihnen auch eine große Last von den Schultern nehmen.

Führen Sie sich immer wieder vor Augen, dass Ihr Kind nur dann lernen kann, wenn es auch seinem Alter entsprechend handeln darf.

Versuchen Sie also, die Grenzen auch genauso zu bestimmen.

2. Tipp: Grenzen sind so unterschiedlich wie das Kind selbst

Kein Kind ist und denkt wie das andere. Vielleicht haben Sie sich über die Erziehungsstile in befreundeten Familien gewundert und fragen sich, wie diese Methoden zum Erfolg führen können. Schließlich handeln sie ganz anders als Sie selbst. Kann das funktionieren? Ja, durchaus! Denn es wird niemals möglich sein, ein Kind genauso wie das andere zu erziehen. Selbst unter Geschwistern sind immer wieder Unterschiede sichtbar.

Das hat auch einfache Gründe: Jedes Kind lernt anders in Bezug auf seine Geschwindigkeit, und auch das Setzen von Zielen ist ganz unterschiedlich ausgeprägt. Während sich manche Heranwachsende schon früh recht große Träume erfüllen möchten, sind andere auch mit ganz kleinen Dingen zufrieden.

Doch natürlich liegt die Entscheidung über die richtigen Grenzen noch in einem ganz anderen Bereich, und wer weiß, vielleicht können Sie es sogar bei Ihren eigenen Kindern beobachten. Während Sie Ihrem kleinen Sohn noch nicht so viel zutrauen können, ist Ihre zwei Jahre ältere Tochter schon sehr selbstständig. Das heißt: Ihr jüngeres Kind würde deutlich mehr Grenzen aufgezeigt bekommen als Ihre ältere Tochter. Doch natürlich kann es auch umgekehrt sein: Jüngere Geschwister können natürlich durchaus selbstständiger sein, was auch wieder die Grenzen stark verändert.

Abschließend kann nur gesagt werden, dass es wichtig ist, dass Sie genau auf Ihr Kind und sein Verhalten achten. Analysieren Sie die Schwächen, Starken und natürlich auch den Entwicklungsstand des Kindes. Dann werden Sie auch sehr schnell herausfinden, wie Sie die jeweiligen Grenzen setzen können, um es optimal zu fördern.

Beachten Sie jedoch, dass es trotz einer guten Entscheidung immer wieder dazu kommen kann, dass sich ein Kind benachteiligt fühlt. Reden Sie in diesem Fall mit Ihrem Sprössling und erklären Sie ihm, dass es nichts damit zu tun hat. Sicherlich wird er das verstehen!

3. Tipp: Nicht nachlassen

Ganz gleich, wie gut Ihre Regeln durchdacht sind: Sie werden bei Ihrem Kind nicht unbedingt auf große Freude stoßen. Erinnern Sie sich in einem solchen Moment daran, wie Sie selbst als Kind reagiert haben, wenn Ihnen Ihre Eltern etwas verboten haben. Sicherlich waren Sie ebenfalls nicht erfreut und haben nach unzähligen Argumenten gesucht, um doch Ihren Willen durchzusetzen. Hat es funktioniert? Sicherlich mussten auch Sie das ein oder andere Mal die Erfahrung machen, dass Ihre Eltern einfach mehr Durchsetzungsvermögen besaßen und nicht von Ihren Vorstellungen abwichen.

In Ihrer Entwicklung hat Ihnen dieses Verhalten nachweislich nicht geschadet. Das sollten Sie sich immer vor Augen führen. Auch wenn Ihr Kind nicht einverstanden mit den neuen Richtlinien ist, schadet es seinem uneingeschränkten Leben in keinem Fall.

Wichtig ist, dass Sie auf keinen Fall nachlassen und nicht einfach Grenzen lockern, nur weil Sie Angst haben, dass Ihr Kind sie plötzlich nicht mehr lieben könnte. Denn genau das wird auf keinen Fall passieren. Machen Sie sich also keine Sorgen. Wenn Sie immer wieder von Ihren Regeln abweichen, verlieren Sie mit der Zeit sehr stark an Glaubwürdigkeit, und Ihr Kind weiß schon nach kurzer Zeit, wie es seinen Willen bei Ihnen durchsetzen kann. Irgendwann brauchen Sie dann gar keine Regeln mehr aufzustellen. Eine gute Förderung und auch der Schutz vor unangenehmen Folgen sind somit schon bald gar nicht mehr gegeben.

Machen Sie sich keine Gedanken! Auch wenn Ihr Kind sich mit allen Mitteln zur Wehr setzen möchte, halten Sie bitte an Ihren Vorstellungen fest. Sie haben sie sich gut durchdacht und wissen, dass es für Ihr Kind alles andere als schlecht ist, ein paar Regeln im täglichen Leben zu haben. Versuchen Sie, sich die Frustration und auch die anfängliche Wut nicht zu Herzen zu nehmen. Ihr Kind liebt Sie weiterhin, dessen dürfen Sie sich sicher sein. Und daran wird auch keine Regel der Welt etwas ändern können.

4. Tipp: Neue Perspektive

Die Wünsche eines Kindes sind nur selten sehr groß. Auch wenn sie diese mit viel Energie immer wieder an Sie als Mama oder Papa herantragen können, sollten Sie sich den Gedanken erst einmal in Ruhe zu Gemüte führen. Denn sehr oft geht es nur um die kleinen Dinge. Wenn Sie diese verstehen können und es möglich ist, den Wunsch des Kindes aus seiner Perspektive zu betrachten, fällt es Ihnen auch leichter, an Ihrem Vorhaben festzuhalten und Ihrem Sprössling verständlich zu machen, dass doch alles gar nicht so „schlimm" ist.

Zur besseren Veranschaulichung ein kurzes Beispiel: Stellen Sie sich vor, draußen sinken die Temperaturen, und die Zeit für die geliebten Halbschuhe geht wirklich langsam zur Neige. Doch Ihr Kind möchte am Morgen einfach nicht die Stiefel anziehen, obwohl diese noch neu und wirklich schön sind. Bockig und niederschlagen verharrt es vor den Schuhen und hofft, dass einfach wieder seine geliebten Halbschuhe hier stehen könnten. Im allerersten Moment sind Sie mehr als aufgebracht, denn es ist doch nur zu klar, dass es bei diesem kalten Wetter keine andere Möglichkeit gibt. Atmen Sie kurz durch und begeben Sie sich auf Augenhöhe mit Ihrem Kind. Knien Sie sich hin und reden Sie mit ruhiger Stimme. Erklären Sie beispielsweise so: „Schatz, ich weiß, dass Du lieber Deine anderen Schuhe anziehen möchtest, aber es ist draußen wirklich sehr kalt. Du erkältest Dich sonst, und wer weiß, vielleicht ist es nur für einen Tag. Morgen kannst Du vielleicht schon wieder die anderen Schuhe tragen. Aber heute geht es wirklich nicht." Mit diesen Worten können Sie sehr viel bewirken. Sie schaffen einen Kompromiss und können auf diesem Weg Ihr Kind ein wenig besänftigen. Sie wissen vielleicht nicht, ob das Wetter morgen wirklich besser wird, aber für den Augenblick ist es ein Lichtblick. Und wenn Sie Glück haben, mag Ihr Kind die neuen Schuhe dann doch und möchte Sie am morgigen Tag gar nicht mehr hergeben.

Wichtig ist, dass Sie immer versuchen, Ihr Kind zu verstehen und zusammen eine Lösung zu finden. Das funktioniert aber nicht mit Druck und Streit. Betrachten Sie das Problem durch andere Augen, und der Umgang miteinander wird Ihnen sehr viel leichter fallen.

5. TIPP: IMMER GUT ERKLÄREN

Nicht selten wird es aber auch passieren, dass Ihr Kind sehr viel hinterfragt. Es kann sein Weg sein, gegen Ihre Grenzen anzugehen, oder es fragt einfach nur, weil es mehr über Ihre Gedanken erfahren möchte. Das kann nur gut für Sie sein!

Nehmen Sie sich die Zeit und legen Sie Ihre Beweggründe dar. Auch wenn Sie der Meinung sind, dass Ihr Kind es nicht verstehen kann oder wird, ist es einen Versuch wert. Selbst dann, wenn Ihre Erklärung wirklich auf Missfallen und Unverständnis stößt, heißt es nicht, dass es vergebens war.

Gerade unter Geschwistern können viele Eltern oft Bemerkenswertes beobachten. Stellen Sie sich vor, dass Sie

Ihrem Sohn gerade etwas erklärt haben. Sie haben versucht, ihm verständlich zu machen, dass er etwas Bestimmtes nicht machen soll. Er selbst findet das natürlich gar nicht lustig und versucht auch, zu diskutieren. Doch Sie bleiben bei Ihrer Meinung, und er gibt sich dieser Bitte auch hin. Dann vergeht die Zeit und es geschieht etwas, womit Sie gar nicht gerechnet haben. Sie hören eines Tages, wie Ihr Sohn der kleinen Schwester erklärt, warum sie etwas nicht machen darf. Dabei handelt es sich um genau das, was er schon damals selbst unternehmen wollte, aber von Ihnen verboten bekam.

Diese kleine Geschichte zeigt, dass eine gute Erklärung den Lernprozess eines Kindes sehr stark fördern kann. Auch wenn Ihr Sohn für den Moment kein Verständnis gezeigt hat, ist er dennoch in der Lage, sich Ihre Ausführungen zu merken und Sie später sogar noch der kleinen Schwester näherzubringen. Seien Sie also immer offen und gehen Sie auf die Frage Ihres Kindes ein. Eine gute Erklärung kann Ihnen vielleicht in diesem bestimmten Moment nicht helfen, aber irgendwann wird es sich daran erinnern und kann sie hilfreich für sein Leben einsetzen.

6. Tipp: Mehr Klarheit

Der Unmut des Kindes führt bei allen Eltern zu großer Unsicherheit. Und auch dann, wenn wir es nicht wollen, wird unser Kind das Spüren und selbstverständlich auch für sich nutzen. Dann geschieht bei vielen Eltern der große Fehler: Das Kind quengelt noch ein wenig weiter, und schon weichen wir von der Grenze ab. Machen wir das einmal und noch einmal, ist von einer Regel nicht mehr viel übrig.

Sehr wichtig ist somit im ersten Schritt, dass Sie an einer Grenze festhalten. Bleiben Sie klar und deutlich und geben Sie Ihrem Kind zu verstehen, dass es keinen Sinn ergibt, mit Wut und Diskussionen gegen etwas anzugehen, was Sie selbst festgelegt haben.

Dennoch kann es auch für Sie einen großen Vorteil haben und Ihnen einen Denkanstoß geben. Stellen Sie sich vor, Ihr Kind beschwert sich jeden Tag darüber, dass es zu dieser einen bestimmten Zeit ins Bett gehen muss. Seine Freunde würden das nicht machen müssen und könnten noch länger aufbleiben. Wenn Ihr Kind abends mit diesen Ausführungen an Sie herantritt, dürfen Sie sich diese natürlich anhören, aber nicht davon abweichen. Bringen Sie Ihr Kind dennoch zur üblichen Zeit ins Bett und sagen Sie ihm, dass Sie darüber nachdenken werden. Wenn Sie die Möglichkeit haben, reden Sie später mit Ihrem Partner darüber. Wie denkt er darüber, und wäre es wirklich eine gute Idee, die Bettzeiten zu verändern? Gemeinsam werden Sie sicherlich zu einer Lösung kommen.

Das Überdenken einer Grenze ist wichtig. Wenn Sie zu dem Schluss kommen, dass alles so bleiben soll, wie es ist, können Sie es mit noch mehr Standhaftigkeit an Ihren Regeln festhalten. Sie werden nicht mehr verunsichert sein und können Ihrem Kind deutlich machen, dass es keine Grundlage für Diskussionen gibt.

7. Tipp: Kompromisse ermöglichen.

Wie schon in einem vorangegangenen Beispiel kurz aufgefasst, ist es wichtig, dass Sie auch ab und an Kompromisse bilden können. Das sollte allerdings nicht zu oft und auch gut durchdacht erfolgen, denn viele Eltern neigen dazu, die Erziehungsprinzipien dabei stark zu vernachlässigen.

Ein Kompromiss sollte dann gefunden werden, wenn Sie in der Unterhaltung merken, dass es Ihrem Kind zum Beispiel schon gar nicht mehr um die Winterstiefel geht. Es diskutiert mit Ihnen und findet immer wieder neue Gründe, die aber immer mehr vom eigentlichen Thema abweichen. Es geht scheinbar nur noch darum, dass es das letzte Wort hat. Wenn das der Fall ist, ist mal wieder Durchatmen angesagt.

Hier gilt es nun, eine Lösung zu finden, die auf beiden Seiten passt. Signalisieren Sie Ihrem Kind, dass es draußen kalt ist und Sie unbedingt möchten, dass es nicht an den Füßen friert. Sie werden überrascht sein, wie erfinderisch Ihr Kind sein kann. Vielleicht bietet es Ihnen an, einfache dicke Socken anzuziehen. Wer weiß, vielleicht funktioniert dieser Vorschlag wirklich und es wäre eine Option. Wenn der Fuß dadurch zu „groß“ ist und nicht mehr in den Schuh passt, wird Ihr Kind selbst davon abweichen und sich sicher doch für die Winterschuhe entscheiden.

Achten Sie immer darauf, dass Sie eine ganz klare Botschaft vermitteln und auf diese Weise Ihrem Kind näherkommen. Es darf nicht Recht bekommen, nur weil es jetzt der Meinung ist, dass nur diese eine Entscheidung die richtige ist. Wichtig ist, dass Sie zusammen mit Ihrem Schützling eine Lösung finden, die in einem Kompromiss endet.

Denn sonst kann eine ganz normale Bitte sehr schnell in einen Machtkampf und in Streit ausarten, den kein Familienleben gerne im Alltag spüren möchte.

Finden Sie ein Gleichgewicht zwischen Klarheit und Entgegenkommen, und Sie werden auf einem guten Weg sein.

8. Tipp: Wenig ist mehr

Welche Ziele setzen Sie sich und Ihrem Kind? Was liegt Ihnen am Herzen und was soll es später einmal erreichen?

Alle Eltern wählen Träume und Ziele für den größten Schatz im Leben mit Bedacht und vielleicht auch aus den eigenen Erfahrungen heraus.

Doch manchmal ändern sich Meinungen, und ein Kind entwickelt sich in eine andere Richtung. Das bedeutet natürlich nicht, dass dieser eingeschlagene Weg schlecht ist, sondern nur, dass sich Sichtweisen vielleicht verändert haben. Vielleicht haben Sie sich gewünscht, dass Ihr Kind besser in Mathematik wird und wie Sie selbst mit einer „1" richtig durchstarten kann. Nur leider liegt Ihrem Kind dieses Fach nicht sonderlich, und trotz aller Anstrengungen bleibt es immer wieder einer „3". Hier wäre es an der Zeit, über Ihr Ziel nachzudenken. Ist es wirklich so wichtig, dass Ihr Kind es schafft, aus seiner derzeitigen Note eine so viel Bessere zu machen?

Gehen Sie hier auf die Bedürfnisse Ihres Kindes ein und mildern Sie dieses Ziel ab. In einem anderen Bereich wird es sicherlich mehr Erfolg haben. Denken Sie auch immer daran, dass weniger Ziele manchmal auch besser sein können. Denn dann hat Ihr Kind mehr Freiraum, sich auf das zu konzentrieren, was ihm wirklich liegt. Im anderen Fall würde es wohl weiter versuchen, an seiner Notenverbesserung zu arbeiten und somit sehr viel Zeit für die Dinge verlieren, die ihm viel mehr Freude bringen.

Finden Sie heraus, was wirklich wichtig ist!

9. Tipp: Erst einmal überlegen

Dieser Tipp hat sehr viel mit den bereits genannten gemeinsam, sollte aber dennoch noch einmal genau durch Sie betrachtet werden. Denn hier kommen wohl eher die älteren Kinder in den Fokus.

Es gibt es sehr viele Regeln, die schon seit sehr langer Zeit bestehen. Sie gehören fast schon zu einem festen Ritual, und Sie haben sich vielleicht auch noch keine zu großen Gedanken über eine Änderung gemacht.

Doch Kinder wachsen heran, und mit zunehmendem Alter ändern sich natürlich auch die Bedürfnisse eines Kindes. So könnte Sie folgende Situation irgendwann ereilen:

Ihr Sohn möchte einen Abend zusammen mit seinen Freunden verbringen, aber dieser soll natürlich nicht in den eigenen vier Wänden stattfinden. Ein Discobesuch steht auf dem Plan, der auch nicht vor 12 Uhr in der Nacht enden soll. Diese Bitte stößt wohl bei den meisten Eltern auf Missfallen. Im Grunde genommen hat es sehr viel mit Angst zu tun. Denn was, wenn etwas passiert? Diese Gedanken sind völlig normal und treffen wohl mit allen Veränderungen zusammen, die nun doch irgendwie bekannt sind.

Wichtig ist in einem solchen Fall auch wieder die Absprache. Sie müssen nicht sofort eine Entscheidung treffen, sondern dürfen sich durchaus die Zeit nehmen, auch erst einmal darüber nachzudenken. Nachdem Sie die Vor- und Nachteile abgewogen haben und noch gewisse Fragen klären konnten, können Sie Ihre Zu- oder auch Absage erteilen.

Ganz gleich, welche Grenzen Sie setzen: Achten Sie dabei auf Ihr Gefühl und auch auf die Bedürfnisse und Fähigkeiten Ihres Kindes. Es kann nie pauschal gesagt werden, dass ein Kind nur diese oder jene Dinge tun darf. Was für Ihren Sprössling richtig und gut für die Entwicklung ist, kann für ein anders schon wieder eher ein Störfaktor sein.

Hören Sie auf Ihr Herz!

6. Kapitel: Wut als Störfaktor im Familienleben

JEDER TAG BIRGT EMOTIONALE HERAUSFORDERUNGEN

Auch wenn sie niemand im Alltag erleben möchte, sind sie dennoch immer wieder präsent: Momente, die von Wut und Ärger geprägt sind. Es können ganz unterschiedliche Dinge und Seiten betroffen sein.

Vielleicht hat Ihr Kind gerade versucht, seinen Willen durchzusetzen, und musste erkennen, dass es kein Recht bekommt. Bei einer solchen Erkenntnis kommt sehr schnell Ärger auf, dem viele Eltern machtlos ausgeliefert sind. Doch natürlich kann dieser Unmut auch auf Seiten der Erwachsenen entstehen. Auch hier sind ganz unterschiedliche Gründe maßgeblich. Vielleicht hat Ihr Kind Ihnen eine schlechte Note verschwiegen und Sie mussten es durch die Lehrerin erfahren. Oder Sie baten es, sein Zimmer aufzuräumen, und als Sie nach einem anstrengenden Tag von der Arbeit kamen, war davon weit und breit nichts in Sicht.

Sie sehen also schon: Die Möglichkeiten, die Beherrschung zu verlieren, sind zahlreich. Dennoch stellt sich die Frage, ob es wirklich nötig ist, so weit an seinen Grenzen zu agieren. Wie oft wäre es vielleicht möglich gewesen, im ruhigen Ton mit Ihrem Kind zu sprechen und somit einen Wutausbruch zu verhindern? Und gibt es eine Möglichkeit, einen anhaltenden Streit zu schlichten, wenn dieser doch schon aufgekommen ist?

Letztendlich gibt es kein Patentrezept, das jeden Streit in Familien vermeiden kann. Dazu sind die Menschen und die Verhältnisse, in denen gelebt wird, einfach viel zu unterschiedlich. Aber dennoch gibt es ein paar Verhaltensregeln und Gesprächsführungen, die Sie in Ihren Alltag einbinden können. Damit fördern Sie nicht nur Ihre persönliche Einstellung gegen den Streit, sondern können auch Ihrem Kind helfen, gewisse Dinge einfach ein wenig ruhiger anzugehen.

WUT MIT KINDERAUGEN

Bevor Sie versuchen, einen Tipp umzusetzen, ist es wichtig, dass Sie selbst ruhig und gelassen sind. Auch wenn die Situation wirklich anstrengend ist, kann die Umsetzung nur dann funktionieren, wenn Sie diese Ruhe und Gelassenheit auch vermitteln. Atmen Sie tief durch und nehmen Sie sich auch ein paar Minuten Zeit, wenn Sie diese brauchen.

Fühlen Sie die Ausgeglichenheit in sich? Dann können Sie starten und Ihrem Kind vermitteln, wie es besser mit seinen negativen Gefühlen, der akuten Wut, umgehen kann!

Zuerst sollte Ihr Kind durch Sie erfahren, dass es im Leben bestimmte Verhaltensweisen gibt, die einfach nicht richtig und für Sie auch nicht annehmbar sind. Dazu könnte zum Beispiel das Schlagen, Beißen oder gar Treten eines anderen Kindes sein. Auch dann, wenn Sie hören, dass Ihr Kind mit Gegenständen auf andere wirft oder sogar spuckt, verbirgt sich dahinter eine Handlung, die in einem geregelten Umfeld nichts zu suchen hat.

Doch was, wenn diese Worte nicht reichen und Ihr Kind dennoch weiter genau so reagiert, wie es nicht soll?

- Nehmen Sie Ihr Kind ohne Umschweife zur Seite und sprechen Sie es auf dieses Verhalten an. Sollte es auch dann nicht reagieren und in seinem Wutausbruch fortfahren, nehmen Sie es aus dem Umfeld heraus und halten Sie es fest. Es geht hierbei nicht darüber, sehr viel Kraft aufzuwenden, vielmehr geht es darum, das Kind zu beruhigen und es selber zu schützen. Sie zeigen ihm auf, dass dieses Verhalten einfach nicht geht, und setzen eine klare Grenze. Lassen Sie diese „Fixierung" so lange wirken, bis es merklich ruhiger geworden ist und wahrgenommen hat, dass es so keinen Schritt weiterkommt.

- Doch nicht immer hilft es, wenn Sie Ihr Kind ansprechen. Manchmal muss die Wut einfach raus, es kann aber nicht sein, dass andere in Mitleidenschaft gezogen werden. Hier kann es helfen, wenn es einfach mit den Händen auf den Tisch trommeln darf. Auch das Aufstampfen mit den Füßen kann helfen und baut sehr viel Ärger ab. Doch es ist Ihnen zu viel, wenn Sie dabei im Raum stehen und Ihr Kind dabei beobachten müssen? Dann müssen Sie das auch nicht! Sie können auch gerne für ein paar Minuten den Raum verlassen und es geschehen lassen. Diese Möglichkeit mag ungewöhnlich klingen, aber bewies schon oft, dass die Wut danach deutlich sank. Dieser Prozess wird auch oft als „Abkühlen“ bezeichnet.

- Viele Eltern neigen dazu, zu schnell nachzugeben. Auch wenn der Wunsch des Kindes so gar nicht in ihrem Sinne ist, geben sie nach und gewähren ihn. Einziger Grund dafür ist die Tatsache, dass diese negative Emotion einfach nicht länger ertragen werden kann. Machen Sie nicht diesen Fehler! Ihr Kind prägt sich dieses Verhalten genau ein und weiß dann, dass es nur mit seiner Wut „glänzen“ muss, um zu bekommen, was es möchte. Zusätzlich werden Sie dann die Erfahrung machen müssen, dass Ihr Kind immer öfter mit Wutausbrüchen den Alltag erschweren wird. Bleiben Sie also standhaft und geben Sie nicht sofort nach. Sollte wirklich keine Beruhigung in Sicht sein, können Sie noch immer überdenken, ob Ihr Kind vielleicht doch in gewisser Weise recht hat.
- Haben sich die Wogen geglättet, sollten Sie noch einmal über das Thema sprechen. Auch wenn es keine

angenehme Situation für beide Seiten war, ist es wichtig, dass Sie Gründe und auch Ihr gemeinsames Handeln noch einmal beleuchten. Hätte es vielleicht eine Möglichkeit gegeben, die Wut anders zu bewältigen? War sie wirklich nötig, und wie geht es Ihrem Kind jetzt? Sicherlich haben Sie sehr viele Fragen. Gehen Sie Ihnen nicht aus dem Weg – das schürt lediglich unbewusst Zweifel in Ihrem Inneren. Nur wenn Sie mit Ihrem Kind auch darüber sprechen, können Sie dem Unmut wirklich auf den Grund gehen.

- Seien Sie ein gutes Vorbild: Auch Sie werden manchmal wütend, fangen aber nicht an zu schreien oder schlagen gar andere Menschen. Es gibt so viele Wege, mit der Wut umzugehen. Zeigen Sie Ihrem Kind in einem ruhigen Moment, wie Sie es immer wieder schaffen und dass es wirklich nicht nötig sein muss, körperlich tätig zu werden. Gewalt kann und sollte niemals eine Lösung sein! Ihr Kind wird Ihre Vorschläge nur zu gerne aufnehmen, denn in den meisten Fällen sind Mama und Papa die Menschen, zu denen ein jedes Kind tagtäglich aufblicken kann.

- Sie haben die Hindernisse überwunden und Ihr Kind hat es geschafft, seine Wut zu bändigen, und konnte sogar völlig entspannt mit seinen aufkommenden Emotionen umgehen? Das ist ein großer Fortschritt und ist in jedem Fall ein großes Lob wert. Es spielt keine Rolle, ob der Grund für die Wut nur klein und vielleicht sogar recht unbedeutend war: Wichtig ist, dass Ihr Kind es geschafft hat, heute ganz anders damit umzugehen, und dass es seine Gefühle unter Kontrolle hatte. Dank Ihrer Hilfe war es möglich, und Sie sind, gemeinsam mit Ihrem Kind, auf einem sehr guten Weg, auch die zukünftigen Situationen zu meistern.

NEGATIVE EMOTIONEN DER ELTERN

- Eltern wird in den meisten Fällen geraten, immer Ruhe zu bewahren. Obwohl der Tipp sehr gut ist, kann die Umsetzung immer wieder auf große Probleme stoßen. Denn wie soll auch Ausgeglichenheit bestehen, wenn der Arbeitstag stressig war und noch so viel in der Wohnung zu tun ist? Sie wissen nicht, wo Sie anfangen sollen, und nun kommt auch noch diese eine Situation, die wirklich die Emotionen überkochen lässt.

- Es sei aber noch einmal gesagt: Ruhe ist wirklich das beste Mittel, um keine Wut ausbrechen zu lassen! Doch alles leichter gesagt als getan.

- Doch vielleicht hilft Ihnen einer der folgenden Tipps, um Ihre Emotionen ein wenig abzukühlen. Sprechen Sie sich selbst Mut zu und führen Sie sich immer vor Augen, dass Sie vor einem Kind stehen. Es kann sicherlich nicht verstehen, warum Sie es plötzlich anschreien und völlig die Fassung verlieren. All das macht jeden Moment des Ärgers nur noch schlimmer und sorgt nicht für Verbesserung.

- Gehen Sie aus dem Zimmer und sorgen Sie für ausreichend Abstand. Wenn Ihr Kind so klein ist, dass es noch im Kinderwagen oder einem Buggy liegen kann, legen Sie es dort hinein und fahren Sie eine Runde. Es wird Ihre Gedanken zur Ruhe bringen, und die Situation wird nicht mehr ganz so anstrengend auf Sie wirken. Ist Ihr Kind schon größer, lassen Sie es für einen kurzen Moment im Zimmer allein und atmen Sie durch.

- Es steht außer Frage, dass das Werfen von Gegenständen absolut keine Option ist. Aber Sie können den Abbau Ihrer Wut auch in ein Spiel verpacken. Wie wäre es mit einer Kissenschlacht? Hier können Sie Ihre Frustration ganz unbemerkt angehen und hellen nebenbei auch noch die Stimmung auf!

- Atemtraining kann wahre Wunder wirken. Wenn Sie das Gefühl haben, Ihre Emotionen nicht mehr kontrollieren zu können, öffnen Sie das Fenster. Treten Sie heran und atmen Sie ruhig die frische Luft ein. Danach geben Sie sie wieder langsam und ganz bewusst frei. Wenn Sie das fünfmal geschafft haben, wird es Ihnen schon sehr viel besser gehen. Sie regen mit diesem Handeln die Durchblutung Ihres Gehirns an und werden überlegter vorgehen können.

- Doch was, wenn Sie Ihre Worte einfach nicht mehr zügeln können? Sollte es doch einmal zu einem Ausbruch kommen und Sie müssen mit Ihrem Kind schimpfen, tadeln Sie niemals das Kind, sondern sprechen Sie nur sein Verhalten an. Versuchen Sie sich in Sätzen, wie: „Es ist nicht gut, was Du machst!". Sagen Sie also nie zu ihm, dass es selbst nicht gut ist. Ein solcher Satz kann das Selbstbewusstsein negativ beeinflussen und ungeahnte Kreise ziehen.

- Nun ist es doch passiert: Die Wut ist über Sie gekommen! Was passiert ist, kann nicht mehr rückgängig gemacht werden, aber Sie haben dennoch eine Möglichkeit, es wiedergutzumachen. Suchen Sie nach dem Streit das Gespräch mit Ihrem Kind und entschuldigen Sie sich. Fragen Sie sich dabei nicht, ob Ihr Verhalten nun berechtigt war oder nicht. Das können Sie später noch gemeinsam mit Ihrem Sprössling erörtern. Wichtig ist, dass die Emotionen erst einmal wieder ins Positive gerückt werden, um diese Situation für die Zukunft zu vermeiden.

- Es kann natürlich auch möglich sein, dass Ihr Kind Ihnen nicht entgegenkommt. Dann lassen Sie es dabei beruhen. Dennoch müssen Sie die Last von Ihrer Seele nehmen. Suchen Sie dazu das Gespräch mit einem guten Freund oder auch dem Partner. Das kann helfen. Keinesfalls sollten Sie Stunden später noch einmal das Thema aufgreifen. Es bringt nur neues Streitpotential mit sich.

NICHT IMMER VERMEIDBAR

Auch in sogenannten Bilderbuchfamilien gibt es ab und an Streit. Auch wenn Sie sich vornehmen, sich nichts zu sehr zu Herzen zu nehmen, und auch wenn Ihr Kind seine Gefühle wunderbar im Griff hat, kann dennoch ein Streit nicht immer verhindert werden.

Sei es der Ärger, der sich schon lange Zeit angestaut hat, oder die Wut über ein großes Problem, das gestern noch gar nicht in Sicht war: Die Kontrolle der Gefühle sollte immer im Vordergrund stehen.

Sicherlich fällt das den Eltern um einiges leichter als den Kindern. Denn hier spielen die Erfahrungen eine sehr große Rolle. Kinder überlegen nicht immer, warum sie so oder so reagieren. Sie handeln einfach und können sich zuvor die Konsequenzen nicht ausmalen. Versuchen Sie das immer zu tolerieren und sich ins Gedächtnis zu rufen, auch wenn es manchmal unsagbar schwerfallen kann.

Je älter Ihr Kind wird, desto besser wird es auch seine Emotionen kontrollieren können. Und in dieser Zeit des Lernens sind Sie als Mama oder Papa das beste Vorbild, das Ihr Sprössling haben kann!

7. Kapitel: das Training der Geduld

DAS GLEICHGEWICHT DES ALLTAGS FINDEN

Sicherlich kennen auch Sie den nicht enden wollenden Drahtseilakt zwischen Familie und Arbeit. Hierzu ein Beispiel aus dem ganz normalen Alltag einer Durchschnittsfamilie.

Mama steht als Erste am Morgen auf und bereitet das Frühstück zu. Kaum ist das geschafft, weckt sie die Kinder und sorgt dafür, dass sie sich anziehen und Zähne putzen. Papa steht auf, sobald alle beim Frühstück sitzen, und gesellt sich dazu. Nach dem schnellen Abräumen werden noch die Brote für die Schule oder den Kindergarten von Mama geschmiert, und dann geht es auch schon los. Nachdem die Kinder versorgt sind, geht es für die Eltern oft sofort auf Arbeit. Wenn Mama nachmittags dann zuerst wieder nach Hause kommt, kümmert sie sich um den Haushalt und die Kinder.

Natürlich kann dieses Leben von Familie zu Familie unterschiedlich aussehen. Aber im Großen und Ganzen gibt dieses Beispiel einen guten Aufschluss über den stressigen Alltag.

Es ist gar nicht so einfach, ein gutes Gleichgewicht herzustellen und allen Seiten gerecht zu werden. Das führt schnell dazu, dass in Situationen, die so nicht geplant waren, der Geduldsfaden reißt. Das kann schon eine recht einfache Frage des Kindes sein. Wenn Sie gerade mit etwas anderem beschäftigt sind, was Ihre volle Konzentration erfordert, kann es passieren, dass Sie Ihr Kind zu Unrecht fortschicken und ihm keine Antwort geben. Später tut es Ihnen sicherlich leid, aber eine einmalige Handlung kann nicht mehr zurückgenommen werden.

DIE GEDULD TRAINIEREN

Auch wenn Sie sich jeden Tag vornehmen würden, es nicht zu einer solchen Situation kommen zu lassen, könnten Sie es wohl nie verhindern. Es sei denn, Sie konnten Ihre Geduld schon ein wenig trainieren.

Kinder neigen immer wieder dazu, Ihre Geduld auf die Probe zu stellen. Wenn sie erst einmal herausgefunden haben, was Sie aus der Fassung bringt und vielleicht auch noch den Willen der Kleinen fordert, kann es Sie immer wieder treffen.

Lassen Sie sich daher nicht aus der Ruhe bringen. Auch wenn es im Moment sehr anstrengend ist und Sie nicht wissen, wo Ihnen der Kopf steht, darf Sie eine Frage Ihres Kindes nicht aufregen und vielleicht zu einer falschen Antwort verleiten. Behalten Sie die Kontrolle, so werden Sie Ihr Kind auf den richtigen Weg führen können. Auch wenn Ihr Sprössling merkt, dass er mit seinem Wunsch bei Ihnen nicht punkten kann, wird es seiner Entwicklung nicht schaden.

Doch wie können Sie diese Routine wahren und wie würde ein Training der Geduld aussehen? Sie werden sehen, es ist gar nicht so schwer und schon mit einfachen Mitteln umzusetzen.

1. Schritt: Sie haben sich eine Pause verdient

Ein langer Tag im Büro oder auch ein Haushaltstag fordern irgendwann seinen Tribut. Du wirst müde und Deine Batterien sollten ganz dringend wieder aufgeladen werden. Um das zu bewerkstelligen, hilft nur eines: Ausruhen!

Wenn Sie am Tag aufgrund Ihrer Verpflichtungen nicht schlafen können, ist das nur zu verständlich. Aber vielleicht bietet sich die Gelegenheit, einfach kurz die Beine hochzulegen und auf diese Weise zu entspannen. Es kann sehr viel bewirken, und Sie werden sich nach dieser kurzen Ruhephase auch schon sehr viel besser fühlen.

Das Problem bei gestressten Eltern ist oft, dass Sie Ihrem Kind schnell das erlauben, was es sich gerade wünscht. So können Mama oder Papa weiter den eigentlichen Aufgaben nachgehen. Aber genau hier liegt der Fehler!

Sollte Ihr Kind Sie in einer solchen Situation ansprechen und mit einer Bitte an Sie herantreten, vertagen Sie es. Denken Sie später darüber nach, spätestens am nächsten Morgen, nachdem Sie eine Nacht der Ruhe genießen konnten.

Ganz gleich, was Ihr Kind beschäftigt oder was Sie vielleicht noch kontrollieren möchten: Machen Sie all das erst dann, wenn Sie sich ein wenig entspannen konnten! Dann werden

Sie viel konzentrierter sein können und auch eine richtige Entscheidung treffen.

2. Schritt: Bis zehn zählen

Es wird Sie immer geben: Momente, in denen Sie das Gefühl haben, völlig die Kontrolle zu verlieren. Hierbei kann ein Streit mit Ihrem Kind vorausgegangen sein, oder Ihre beiden Kinder tragen eine Meinungsverschiedenheit aus, die einfach kein Ende nehmen will. Es ist laut, und es scheint auch überhaupt keine Grundlage für ein normales Gespräch mehr zu existieren. Am liebsten würden Sie einfach nur mit dem Finger schnippen und die Situation so wieder in geregelten Bahnen laufen lassen.

Aber natürlich wissen Sie, dass das nicht möglich ist. Sie haben nur zwei Möglichkeiten. Entweder Sie entziehen sich einfach diesem Augenblick und hoffen, dass sich das Problem verläuft, oder Sie gehen gezielt dagegen an. Sicher wird Ihnen auffallen, dass nur Variante Nr. 2 in Betracht kommt. Doch wie können Sie das auch wirklich in die Tat umsetzen? Wichtig ist, dass Sie Ihren Geist wieder neu starten können, sonst laufen Sie Gefahr, viele Worte falsch zu bewerten und sich auch zu sehr zu Herzen zu nehmen.

Versuchen Sie einfach Folgendes: Atmen Sie ganz ruhig ein und wieder aus. Während Sie das tun, zählen Sie langsam und ganz bewusst von eins bis zehn. Sie werden schon nach den ersten Zahlen merken, dass sich etwas verändert. Sie werden sich lockern und einfach viel wohler und ausgeglichener fühlen. Sie bauen mit dieser kleinen, aber recht einfachen Übung Stress ab und können sich wieder besser auf die Herausforderungen vor sich konzentrieren. Wenn Sie alles richtig gemacht haben, kann es auch durchaus passieren, dass Sie kurz gähnen müssen. Dann war die Übung ein voller Erfolg, und Sie konnten sich von jeglichen Stresseinflüssen freimachen.

3. SCHRITT: GEDULDIG MIT SICH SELBST

Die perfekte Mama oder der perfekte Papa sein: Wer möchte das nicht? Diese Vorstellung ist sicherlich der Traum aller Eltern. Jeder möchte alles richtig machen, und Fehler lässt sich in diesem Bereich niemand nachsagen.

Doch diese Wünsche verbergen auch eine unsichtbare Gefahr: Eltern neigen auf diese Weise dazu, sich selbst unter Druck zu setzen. Wenn dann zusätzlich nicht alles so funktioniert, wie Sie es sich vorstellen, ist die Verzweiflung groß, und kleine Fehler werden schon als großes Scheitern angesehen. Im weiteren Verlauf können Sie wirklich böse auf sich selbst sein, und Sie fühlen sich in vielen Situationen nur noch überfordert.

Doch all das muss doch gar nicht sein. Gehen Sie geduldiger mit sich um und zweifeln Sie nicht an Ihren Fähigkeiten. Niemand kennt Ihr Kind wohl besser als Sie. Sie müssen sich keine Sorgen machen, dass Ihnen ein Fehler unterläuft. Und wenn doch einmal nicht alles einem Plan folgt, wird Ihr Kind Ihnen das sicherlich nicht anrechnen.

Denken Sie immer daran, dass Sie ein Mensch sind, der seine Stärken und auch Schwächen hat. Wenn Sie bereit sind, diese anzuerkennen, auch nach ihnen zu handeln und das Leben auch einfach mal Leben sein lassen, sind Sie auf einem guten Weg.

Und eines ist ganz sicher: Sie sind eine gute Mutter oder ein guter Vater, auch wenn Sie manchmal an Ihren Qualitäten zweifeln sollten.

4. Schritt: Bleiben Sie sich treu

Haben Sie sich auch schon einmal dabei ertappt, dass Sie Ihr Kind nachahmen? Es geschieht meist dann, wenn Sie sich keinen anderen Rat wissen. Sie verfallen in die gleichen Gesten wie Ihr Sprössling, was von außen nun doch recht unbeholfen aussieht.

Auch wenn es Ihnen an manchen Tagen doch recht schwerfällt, vergessen Sie nicht, dass Sie der Erwachsene sind. Zeigen Sie Disziplin und nehmen Sie auf keinen Fall die Charakterzüge eines Kindes an.

Es sorgt nur dafür, dass ein Streit noch schwerfälliger wird. Versetzen Sie sich dafür kurz in die folgende Situation: Ihr Kind hat sich richtig stark in eine Diskussion hineingesteigert. Es bockt und schreit vielleicht auch, was es nun wirklich selten versucht. Für Sie ist das natürlich neu, und Sie haben aufgrund vieler anderer Verpflichtungen auch Probleme, damit umzugehen. Somit entscheiden Sie sich kurzerhand, Ihr Kind nachzuahmen. Sie fangen an, genauso wütend zu schreien. Doch wird dieses Verhalten Ihrem gemeinsamen Streit helfen? Nein, es wirkt in keiner Weise förderlich, sondern bringt noch mehr Spannung in das ohnehin schon schwere Thema.

Sicherlich ist es allen Eltern schon einmal passiert, dass dieser Wunsch aufkommt – einfach kurz die Rolle des Kindes verkörpern, um diesem zu zeigen, wie es sich aufführt. Aber dieses Verhalten wird den Moment nicht leichter machen, sondern das Problem nur noch größer werden lassen. Bleiben Sie bei sich und schlüpfen Sie niemals in die Rolle des Kindes, es sei denn, Sie spielen gemeinsam und haben sich zusammen für ein solches Rollenspiel entschieden.

5. SCHRITT: GEDULD ÜBEN

Jedes Kind muss üben, um mit der Zeit in bestimmten Dingen immer besser zu werden. Für Erwachsene verhält es sich ähnlich, denn wie Sie wissen, lernt kein Mensch jemals aus. Es gibt immer etwas Neues, was Sie in Erfahrung bringen können. Das Lesen dieses Buches beweist es Ihnen schon.

Genauso verhält es sich auch bei der Geduld selbst. Sie können nur dann immer geduldiger werden, wenn Sie in derlei Situationen geraten. Doch natürlich ist es nicht der große Wunsch aller Eltern, wiederholt genau das zu erleben. Um dennoch für genau diese wichtigen und nervenaufreibenden Augenblicke gerüstet zu sein, lohnt sich Ihre eigene Übung. Stellen Sie sich dafür einfach einen Moment aus der Vergangenheit vor, wo Ihre Geduld auf eine harte Probe gestellt wurde. Tauchen Sie noch einmal dort ein und fragen Sie sich, ob Sie auch etwas hätten anders machen können. Analysieren Sie sich selbst und seien Sie ehrlich zu sich. Versuchen Sie, in Ihren Gedanken eine andere Handlung zu üben, und entdecken Sie das, was Sie sich damals gewünscht hätten.

Es braucht sehr viel Vorstellungskraft und auch Ausdauer, denn es wird Ihnen vielleicht nicht beim ersten Mal gelingen. Aber wenn Sie es geschafft haben, liegen alle Möglichkeiten vor Ihnen.

Glauben Sie ganz fest daran, dass Sie niemals die Kontrolle verlieren werden. Auch wenn es Ihnen damals vielleicht passiert ist, verfügen Sie nun über mehr Wissen. Sie können nun ganz anders agieren und sehen vielleicht selbst die Reaktion Ihres Kindes mit ganz anderen Augen. Bleiben Sie immer ruhig und spüren Sie förmlich die Gelassenheit in sich. All das spielt sich fast nur in Ihrem Kopf ab. Trainieren Sie Ihr Gehirn, so werden Sie auch Ihre Geduld auf einem ganz anderen Level spüren.

Ruhe zu bewahren, ist nicht immer leicht, auch wenn es oft geraten wird. Üben Sie immer wieder und versuchen Sie, Ihre Gedanken täglich zu trainieren, damit Sie Ihnen keinen Streich spielen. Versetzen Sie sich in die Lage Ihres Kindes und finden Sie heraus, was es jetzt, in diesem Moment des Streits fühlen könnte. Das allein kann schon reichen, um die eigene Meinung ein Stück weit zu überdenken.

8. Kapitel: zehn goldene Regeln der Kindererziehung

KEIN PATENTREZEPT

Ansichten und Hinweise gibt es viele, doch im Großen und Ganzen möchte allen Eltern nur eines: Das ihr Kind gut und wohlbehütet aufwächst. Wie das am besten sichergestellt werden kann, ist nur schwer pauschal zu sagen.

Hierbei kommt es selbstverständlich stark auf das Gemüt der Eltern und die Eigenschaften des Kindes oder der Kinder an. Nicht jeder Sprössling reagiert gleich, und auch das Nervenkostüm und die Ansichten von Eltern können sehr stark auseinander gehen.

Was Sie also für gut befinden und was bei Ihrem Kind sehr gut zu helfen scheint, kann bei anderen Familien auch nur einen kleinen Erfolg nach sich ziehen – oder sogar gar keine Wirkung haben.

Dennoch gibt es sie auch hier: Die Hinweise, die es Ihnen möglich machen, einen kurzen Einblick zu gewinnen. Finden Sie heraus, wie Sie Ihre Kindererziehung positiv beeinflussen können. Ob es einen Erfolg bringt, wird Ihnen der Versuch zeigen. Und wer weiß: Vielleicht braucht es auch nur eine kleine Veränderung, und Sie haben des Rätsels Lösung für Ihre Unstimmigkeiten im Familienalltag gefunden.

In diesem Sinne: Ein Versuch lohnt sich in jedem Fall!

DIE ZEHN GOLDENEN REGELN

Lassen Sie sich von den folgenden Erziehungstipps überraschen, die schon in vielen Familien so einiges bewirken konnten. Auch wenn Sie anfänglich nicht an den Erfolg glauben, wagen Sie einen Versuch. Sollte es nicht funktionieren, können Sie immer wieder zu Ihrer eigentlichen Idee zurückkehren. Sie haben nichts zu verlieren!

1. Regel: Zeit geben

So viel gibt es zu entdecken, und das Leben steckt voller Herausforderungen. Dass das auch Kinder irgendwann erfahren, ist nur richtig und normal. Dennoch sollten diese Erfahrungen in einem gesunden und ausgeglichenen Maß erfolgen.

Welche Beschäftigungen verfolgt Ihr Kind nach dem Kindergarten oder nach der Schule? Geht es noch zum Musikunterricht oder zum Turnen? Hat es vielleicht noch Förderunterricht? Es ist wichtig, dass Ihr Kind derlei Gruppen besuchen kann, wenn es das möchte. Aber es sollte nicht jeder Nachmittag damit verplant sein.

Kinder brauchen auch Zeit für sich selbst. Sie brauchen Phasen, in denen sie sich frei entwickeln und vielleicht auch einfach langweilen können. Denn nachweislich haben die meisten Heranwachsenden in diesen Bereichen des Tages die besten Ideen und fördern somit Ihre Entwicklung ganz allein.

Achten Sie somit immer auf ein gutes Gleichgewicht zwischen Förderung und Spielzeit. Denken Sie auch dann an die Entwicklung Ihres Kindes, wenn es selbst den Wunsch hätte, jeden Tag eine andere Beschäftigung außerhalb des Zuhauses aufzusuchen. Zwar würden Sie in diesem Fall seinem Wunsch nachkommen, aber irgendwann würde es verstehen, dass es doch einfach „zu viel“ ist. Denn für das Pflegen von Freundschaften bleibt dann gar keine Zeit mehr.

2. Regel: Kein Kind ist wie das andere

Wie Sie bereits erfahren haben, kann selbst die Entwicklung von Geschwistern völlig unterschiedlich zueinander verlaufen. Während der große Bruder erst mit 16 Monaten den ersten Schritt machte, kann die kleine Schwester vielleicht schon mit 13 Monaten recht gut einen Fuß vor den anderen setzen.

Natürlich haben Sie die Möglichkeit, Ihr Kind auf den richtigen Weg zu führen und in allen Bereichen des Lebens zu unterstützen. Aber diese Hilfe kann nur bedingt aufgenommen werden. Das liegt auch nicht daran, dass Ihr Kind sich vielleicht dagegen wehrt, oder einen anderen Plan verfolgt –

vielmehr spricht der ganz persönliche Ablaufplan eine deutliche Sprache.

Versuchen Sie, diesen Rhythmus zu erkennen und Ihr Kind nach ihm zu erziehen. Sollten Sie also feststellen, dass das Laufen ein wenig mehr Zeit braucht, üben Sie sich in Geduld. Wenn Sie später allerdings feststellen, dass Ihr Sprössling sehr redegewandt ist und seinen Wortschatz stets erweitern möchten, haben Sie hier einen Bereich, den Sie nach Ihren Möglichkeiten wunderbar fördern können.

3. Regel: Das Bauchgefühl

Sicherlich kennen Sie sie auch: die Intuition. Sie wurden in diesem Buch schon mehrmals angesprochen und hat besonders bei Eltern eine große Bedeutung.

Dennoch sollte noch einmal gesagt werden: Die Intuition findet sich in den Momenten, die immer wieder von Zauberei behaftet zu sein scheinen. Sie kennen den Ausgang einer Situation schon, bevor dieser überhaupt auch nur ansatzweise zu erkennen ist. Es liegt völlig klar vor Ihnen, obwohl es keinerlei Hinweise gab.

Für die Kindererziehung gilt Ähnliches. Es gibt unzählige Tipps aus der Fachliteratur und auch von Verwandten und Bekannten. Letztendlich kennen Sie Ihr Kind jedoch am besten und wissen, was ihm guttut. Hören Sie auf Ihr Gefühl!

Sollten Sie somit einen Vorschlag eines Freundes gar nicht teilen, obwohl dieser wohl bei seinen drei Kindern auf unheimlich fruchtbaren Boden gestoßen ist, müssen Sie ihn natürlich nicht mit aller Kraft auch bei Ihren Kindern umsetzen. Achten Sie auf die Reaktion Ihres Sprösslings! Denn nichts kann Ihnen ein besseres Feedback geben als Ihre eigene Intuition.

4. Regel: kein übermäßiger Medienkonsum

Auch wenn Sie es nicht wollen: Medien sind aus dem heutigen Leben der Menschen nicht mehr wegzudenken. Auch Kinder können nur in gewissem Maße davon ferngehalten werden. Je kleiner sie sind, desto besser gelingt es auch.

Doch sobald das Kindergartenalter erreicht ist, laufen oft schon die ersten Fernsehserien, die aus dem Alltag des Kindes kaum noch wegzudenken sind. Es steht außer Frage, dass diese auch ab und an als lehrreich angesehen werden können, aber dennoch ersetzen sie in keinem Fall eine lehrreiche Erziehung von Mama und Papa. Denn auch wenn immer wieder ein paar „gute" Sendungen unter den vielen Angeboten zu finden sind, verbirgt sich auch sehr viel „Schlechtes". Bei solchen Sendungen geht der Lerneffekt völlig verloren, und es kommen Fragen auf, die kein kleines Kind beschäftigen sollten. Doch es geht noch weiter! Denn hinzu gesellen sich auch oft genug schlaflose Nächte, weil das Gesehene überhaupt nicht verarbeitet werden kann.

Wie schon gesagt, können Sie Ihr Kind natürlich nicht gänzlich von TV und Co. fernhalten. Aber Sie können bewusst wählen, was und wann es etwas sieht. Wählen Sie im besten Fall eine DVD mit geeignetem Material, das Sie mit sich und Ihrem Gewissen vereinbaren können. Bestimmen Sie eine feste Zeit und lassen Sie Ihr Kind niemals übermäßig viel schauen. Denn auch wenn es manchmal den Alltag sehr stark entlasten kann: Der Fernseher sollte niemals ein Babysitter sein. Ein schönes Bilderbuch oder ein tolles Spiel vertreibt viel schneller und effektiver die Zeit!

5. Regel: Zeit schaffen

Der Alltag ist nicht immer ein Spaziergang, dies haben Sie bereits sehr oft gehört und sicherlich auch schon selbst erfahren.

Für die Erziehung kann diese Tatsache recht oft nachteilig sein. Es fehlt schlichtweg die Zeit, um sich um die einfachen und wunderschönen Dinge zu kümmern.

Fragen Sie sich selbst einmal, wie Sie Ihr Kind ins Bett bringen? Lassen Sie es noch das Sandmännchen schauen und schicken es dann einfach ins Bett? Bei sehr vielen Familien ist das heute schon „harter" Alltag. Der Sprössling steht auf, geht allein ins Bad, um sich dann in sein Zimmer zurückzuziehen. In den meisten Fällen wird noch einmal nach ihm geschaut, aber das war es auch schon mit dem Gute-Nacht-Ritual.

Ganz gleich, wie schwer der Tag war und wie gerne Sie auch Ihre Ruhe haben möchten: Verwehren Sie Ihrem Kind auf keinen Fall eine Geschichte und das Beisammensein. Das Gefühl des Zusammenhaltes wird so gefördert, und Ihr Kind wird sich geborgen fühlen. Hinzu gesellt sich die Tatsache, dass Ihr Kind wahrscheinlich viel besser einschlafen wird, weil es ein schönes Gefühl der Entspannung wahrnimmt.

Versuchen Sie es stattdessen also so: Gehen Sie nach dem eventuellen Sandmann gemeinsam ins Bad und putzen Sie gemeinsam (Sie schauen Ihrem Kind dabei zu) die Zähne. Danach gehen Sie in das Kinderzimmer und warten, bis es sich umgezogen hat. Währenddessen können Sie schon die Sachen für den nächsten Tag aussuchen. Da Ihr Kind dabei ist, kann es vielleicht sogar dabei helfen. Sie werden überrascht sein, was es für einen Spaß machen kann. Danach lassen Sie Ihr Kind ein Buch aussuchen. Nachdem es sich ins Bett gekuschelt hat, lesen Sie ihm in aller Ruhe die erwählte Geschichte vor. Schmücken Sie das Geschriebene mit Ihrer Stimme aus, und wenn Sie ganz großes Glück haben, schläft Ihr Kind schon, bevor Sie fertig sind.

Nun nehmen Sie sich einen Moment Zeit und überlegen Sie, welches Ritual Ihnen am besten gefällt. Sicherlich wird auch Ihr Kind mehr Freude an der gemeinsamen Zeit haben. Es ist nicht immer einfach einzurichten und verlangt durchaus etwas Gewöhnung. Lassen Sie den Stress des Tages aber bitte nicht an Ihrem Kind „aus". Auch wenn es sich im Moment anhört, als würden Sie sehr viel Zeit brauchen, werden Sie schon nach kurzer Zeit feststellen, dass diese wenigen Schritte gar nicht so aufwendig sind. Und das Beste daran: Ihr Kind wird es Ihnen danken!

6. Regel: nur logische Konsequenzen

Mussten Sie Ihr Kind schon einmal bestrafen? Auch wenn es die wenigsten Eltern wirklich wollen, kommen auch die wenigsten wirklich um dieses Mittel herum. Es hilft auch nichts: Wenn Sie immer wieder das Gleiche sagen und Ihr Kind dennoch der Meinung ist, nicht hören zu müssen, scheint es oftmals gar keine andere Lösung zu geben.

Sollten Sie sich in diesen Ausführungen wiedererkennen, fragen Sie sich doch jetzt einmal, wie Sie Ihr Kind bestraft haben und was es dabei empfunden hat. Konnte es verstehen, warum es jetzt das eine oder andere plötzlich nicht mehr machen durfte und warum Sie zusätzlich sicher auch noch ein wenig böse auf es waren?

In den meisten Fällen können kleine Kinder gar nicht nachvollziehen, warum Sie eine Strafe bekommen. Ihr Kind kann zum Beispiel durch die Ihre Worte verstehen, dass es die Zeit vergessen hat und zu spät nach Hause gekommen ist, aber es wird nicht nachvollziehen können, warum Sie es mit Hausarrest oder Fernsehverbot bestrafen. Der Grund liegt darin, dass es zwischen Vergehen und Bestrafung so gar keinen Zusammenhang gibt. Warum darf Ihr Kind jetzt gar nicht mehr das Haus verlassen, nur weil es vielleicht eine viertel Stunde zu spät gekommen ist und das nicht einmal seine Absicht war? Warum darf es die nächsten Tage gar nicht mehr den Fernseher bedienen, nur weil es „draußen" einen Fehler gemacht hat? Sie sehen schon, dass die Zusammenhänge kaum bestehen und dass Ihr Kind somit auch aus seiner Strafe nicht lernen kann.

Finden Sie somit eine Konsequenz, die mit dem Fehler in Verbindung gebracht werden kann. Dann wird sich Ihr Kind auch noch später daran erinnern und sich nachweislich und nachhaltig verbessern können.

Und ganz nebenbei: Ärgern Sie sich nicht zu sehr, wenn Ihr Kind etwas vergisst! Es passiert jedem anderen Kind auch ab und an. Wichtig ist, dass Sie es auf den richtigen Weg führen und ihm zeigen, dass dieses Verhalten keine Regelmäßigkeit werden darf.

7. Regel: Rituale für Sicherheit

In Regel Nr. 5 haben Sie schon einen Einblick in die Möglichkeit eines alltäglichen Rituals erhalten. Diese festen Gegebenheiten im Alltag zeichnen sich natürlich dadurch aus, dass Sie immer wieder in gleicher Form ausgeführt werden.

Hierbei spielt es keine Rolle, wie der Tag verlief, ob er anstrengend war oder eher nicht.

Rituale im Familienleben stehen für Sicherheit und, wie auch schon angesprochen, Zusammengehörigkeit. Ihr Kind wird sich sicher bei Ihnen fühlen und weiß automatisch, dass es mit allen Problemen zu Ihnen kommen kann.

Am besten eignet sich natürlich das Ritual vor dem Schlafengehen. Vielleicht reicht Ihre Zeit noch, um vor dem Einschlafen mit Ihrem Kind ein wenig zu kuscheln. Selbst die schüchternsten Kinder tauen in dieser Zeit auf und vertrauen sich gerne den Eltern an. Denn kein Kind möchte mit Problemen durch die Nacht gehen. Wenn Sie noch eine gewisse Zeit am Bett verweilen, signalisieren Sie Ihrem Sprössling zusätzlich, dass Sie sich wirklich Zeit nehmen. Selbst wenn Ihnen noch Aufgaben im Kopf umhergeistern, machen Sie es nicht nach außen spürbar. Wenn Ihr Kind schläft und Sie diese Zeit mit ihm verbracht haben, werden Sie noch genug Gelegenheit finden.

Probieren Sie es noch heute Abend aus und geben Sie Ihrem Kind die Sicherheit, die vielleicht schon lange unbewusst nicht mehr zu spüren war. Auf diese Weise schaffen Sie nebenbei auch noch Struktur und geben eine ganz klare Orientierung im Familienleben vor.

Es wird Sie begeistern!

8. Regel: Liebevolle Konsequenzen

Eine Tatsache ist klar und unumstößlich: Jedes Kind braucht Regeln, sonst würde der Alltag sehr schnell völlig aus den Fugen geraten. Kennen Sie vielleicht Familien, die der Meinung sind, dass eine freie Erziehung, ganz ohne Grenzen, das Beste ist, was einem Kind passieren kann? Dann schauen Sie sich diese Familien einmal genau an. In den meisten Fällen sind deren Kinder genauso wild wie wohl auch der Alltag und die Erziehung selbst. Oder vielleicht haben die Menschen, die so eine Erkenntnis mit Ihnen teilen möchten, auch gar keine Kinder und berufen sich nur auf das, was sie in einer fragwürdigen Zeitschrift gelesen haben.

Lassen Sie sich von derlei Aussagen nicht beunruhigen: Kinder brauchen Grenzen, auch wenn sie es natürlich ganz anders sehen. Das ist auch völlig normal! Denn sicherlich können auch Sie sich noch an Ihre Kindheit erinnern: Wie haben Sie es gefunden, als Mama Sie zurückgerufen hat, obwohl Sie doch gerade diesen schönen und einladenden Graben überspringen wollten? Sicherlich hat es Sie auch geärgert, aber letztendlich mussten Sie nachgeben und auf die Worte der Mama hören.

Genau das Gleiche geht heute auch Ihren Kindern durch den Kopf, wenn Sie Ihre mahnenden Worte hören. Dabei ist natürlich wichtig, wie Sie diese Grenzen stecken. Wählen Sie sie mit Bedacht und sehr viel liebevollem Denken. Ganz nebenbei ist es natürlich auch erlaubt, dass Sie mit Ihrem Kind Kompromisse schließen. Es heißt nicht, dass Sie damit völlig von Ihrer Regel abweichen. Vielmehr möchten Sie so einen Weg finden, der das Ziel für beide Seiten ein wenig näherbringt.

Lassen Sie dabei aber bitte nicht zu, dass Sie auf zu viel verzichten müssen. Beide Seiten müssen profitieren, und wenn Sie immer wieder sehr stark von Ihrer Regel abweichen, wird Ihr Kind natürlich auch nichts daraus lernen können. Im Kleinkindalter stößt das noch auf recht wenig Probleme, aber je älter Ihr Kind wird, desto mehr Konsequenzen muss es selber tragen. Es kann somit schnell zu Problemen im Kindergarten und später sogar auch in der Schule kommen.

Lassen Sie das nicht zu und finden Sie das richtige Gleichgewicht!

9. REGEL: IMMER EIN VORBILD SEIN

Auch dieser Hinweis kommt Ihnen vielleicht ein wenig bekannt vor. Aber da er fester Bestandteil der „Goldenen Regeln" ist, wird er hier noch einmal aufgeführt.

Dabei geht es nicht darum, dass Sie sich verändern und zu einer Person werden sollen, der Ihr Kind nacheifern kann. Sie sind wie Sie sind! Sie haben Stärken, aber auch Schwächen. Das haben alle Menschen, und Ihre Kinder sollen Sie auch genau auf diese Art und Weise sehen.

Dennoch sollten Sie sich selbst auch einmal beleuchten. Wenn Sie wirklich ein paar „Eigenarten" haben sollten, über die Sie sich selbst ärgern und die auch Ihre Kinder nicht unbedingt übernehmen sollen, könnte es ratsam sein, diese einfach zu „unterschlagen". Sicherlich schaffen Sie es, in Gegenwart Ihrer Kinder diese nicht unbedingt zu zeigen.

Trotzdem ist es wichtig, dass Sie so authentisch wie möglich bleiben. Sie sind Mama oder Papa, und Ihre Kinder sehen zu Ihnen auf.

Zeigen Sie ihnen Dinge, wenn sie fragen, und seien Sie ihnen ganz nah, wenn sie Ihre Nähe suchen. Helfen Sie ihnen beim Lernen und Wachsen und seien Sie die Person, die immer ganz fest in den Gedanken verweilen wird!

Zum Erfahrungen sammeln gehören nicht nur die guten, sondern auch die schlechten Eigenschaften, und es wird die Liebe Ihres Kindes nicht schmälern, wenn Sie ihnen alle Seiten von sich präsentieren. Auf diese Weise zeigen Sie, dass genau das zum Leben dazugehört und dass es wichtig ist, auch derlei Schwächen zu akzeptieren. Eine bessere Verbreitung auf die Zukunft, in Hinblick auf Ihre Vorbildfunktion, kann es kaum geben.

10. Regel: Ihr Kind ist so, wie es ist

Allen Regeln zum Trotz: Es wird immer wieder Momente in Ihrem Leben geben, in denen Sie Ihr Kind einfach nicht erreichen. Der umgekehrte Fall wird selbstverständlich genauso auftreten. Sie werden sich bestimmt sehr darüber ärgern und sich fragen, was Sie falsch gemacht haben.

Eines ist ganz sicher: Sie haben gar nichts falsch gemacht! Das gehört zum Leben und auch zur Kindererziehung einfach mit dazu.

Es gibt keine Familie, in der nicht ab und an Streit herrscht. Dieser kann auch einmal recht lange anhalten und auch heftig werden. Wichtig ist nur, dass am Ende alle wieder zusammenfinden und dass das Problem mit einem guten und ausführlichen Gespräch aus der Welt geschafft werden konnte.

Ganz gleich jedoch, wie stark ein Konflikt war und wie viel Wut sich bei beiden Seiten angestaut hat: Vergessen Sie nie, Ihrem Kind zu zeigen, wie wichtig und wertvoll es ist. Ob Ihnen Ihr Sohn oder Ihre Tochter das in einem solchen Moment vermitteln kann, werden nur Sie selbst beantworten können. Sollte es aber nicht der Fall sein und Sie warten vergebens auf die positiven Emotionen, nehmen Sie es Ihrem Kind nicht übel. Es kann die Tragweite dieser Handlung gar nicht verstehen und meint es in der Tiefe seines Herzens auch gar nicht böse. Morgen sieht die Welt schon wieder ganz anders aus!

Ihr Kind ist das Wichtigste, das Sie haben, und auch wenn nicht immer alles nach Plan verläuft, lieben Sie es deshalb nicht weniger. Jedes Kind ist anders, mit all seinen Sorgen und Freuden.

Wenn Sie das beherzigen, dann wird die Erziehung Ihres Kindes doch schon fast ein Kinderspiel sein!

9. Kapitel: die alternative Erziehung

WANN KOMMEN DIE GUTEN TAGE?

Eines ist klar und wird sich wohl auch nie ändern: Erziehung ist nicht leicht! Es gibt Tage, an denen alles wunderbar läuft. Sie befinden sich mit Ihrem Kind auf einer Wellenlänge, und es könnte gar nicht schöner sein. Doch dann gibt es auch wieder die Momente, in denen Sie verzweifeln und sich vielleicht sogar fragen, warum es gerade wieder Sie erwischt. Hier heißt es: Kopf hoch, denn es kommen auch wieder die guten Tage!

Doch was, wenn diese negativen Momente unwahrscheinlich lange anhalten und kaum noch von den positiven Augenblicken abgelöst werden?

Irgendwann ist auch das beste Nervenkostüm erschöpft, und die Frage, ob eine fördernde und nachhaltige Erziehung überhaupt noch möglich ist, steht sehr schnell im Raum. Hinzu gesellt sich die Tatsache, dass Sie ganz schnell eine Antwort brauchen. Denn im Großen und Ganzen geht es um die Zukunft Ihres geliebten Kindes.

Vielleicht hilft Ihnen diese Aussage schon ein Stück weiter und macht Ihnen Mut: Vorbei ist es noch lange nicht, und Sie haben auch jetzt noch alle Möglichkeiten. Doch besondere Kinder brauchen manchmal einfach eine ganz besondere Erziehung.

VON HEILPÄDAGOGIK BIS ZUR SENSIBLEN PHASE

Hoffnungslos ist es nie, denn der Lauf der Zeit brachte sehr viele neue Wege hervor. Menschen, die sich die Erziehung zur Aufgabe gemacht haben, fanden mit der Zeit Lösungen und Ansätze, die heute auch Ihnen und Ihrem Kind helfen können. Tauchen Sie ein in eine Welt der Erziehung, die Sie so noch nicht kennengelernt haben.

Und wer weiß: Vielleicht ist das, was Sie so lange gesucht haben, genau hier dabei!

DIE HEILPÄDAGOGIK

Dieses Wort ist Ihnen sicherlich geläufig. Doch wann sollte dieser Weg gewählt werden? Dafür gibt es eine recht deutliche Definition. Es sollte dann darüber nachgedacht werden, wenn Ihr Kind soziale, emotionale, motorische oder kognitive Einschränkungen aufweist. Das muss nicht unbedingt etwas Nachteiliges für die Zukunft bedeuten. Manche Kinder brauchen einfach mehr Hilfe als andere.

Die Gründe dafür sind recht zahlreich. Hier kann das Kind körperliche und sprachliche Probleme durch Behinderungen haben. Aber auch geistige Einschränkungen oder das Fehlen von körperlicher Nähe können durchaus zu einem Problem werden.

Wie diese besondere Form der Erziehung eingesetzt wird, ist unterschiedlich. Der genaue Weg richtet sich jedoch immer nach dem Problem des Kindes selbst. Ist ein Kind beispielsweise in seinem Verhalten auffällig, wird oft die Spieltherapie angewendet. Hier soll es neue Verhaltensmuster lernen und diese mit der Zeit auch umsetzen. Kinder mit geistigen Beschwerden werden hingegen oft mithilfe von Entwicklungsförderung betreut. Hier werden neue Kenntnisse vermittelt und auch das Verhalten sinnvoll trainiert.

Montessori Pädagogik

Am 31. August 1870 in Italien geboren, schloss Maria Montessori mit nur 26 Jahren Ihr Studium der Medizin ab. Zwischenzeitlich befasste sie sich bereits mit der Erziehung von Kindern, die geistig nicht so gut gestellt waren. Mit diesem Wissen gründete Montessori 1900 eine Schule und absolvierte ein weiters Studium in Pädagogik, Anthropologie und Psychologie. 1907 folgte dann Ihr allererstes Kinderhaus im schönen Rom. Diesen Weg setzte sie über die Jahre mit vier weiteren Häusern fort. 1952 verstarb Maria Montessori.

Diese erfolgreiche Frau war zeit ihres Lebens der festen Überzeugung, dass jedes Kind einen festen „Bauplan“ besitzt. Es allein entscheidet, wann es etwas lernen möchte und wie es dabei vorgeht. Es kann zwar eine Richtung aufgezeigt werden, aber ob diese im Interesse des Kindes ist, liegt ganz in der individuellen Persönlichkeit.

Der Leitsatz von Montessori war stets: „Hilf mir, es selbst zu tun!" Hier ist natürlich das Kind gemeint. Eltern und Erzieher sollen darauf aufmerksam gemacht werden, die Umgebung des Kindes so reizvoll wie nur möglich zu gestalten. Wird das Interesse geweckt, handelt auch das Kind selbst und trifft Entscheidungen.

PIKLER PÄDAGOGIK

1902 in Wien geboren, entwickelte die spätere Kinderärztin mit der Zeit eine sehr liebevolle Pädagogik für Kleinkinder. Sie war immer der Meinung, dass jedes Kind für sich eine Persönlichkeit hat und sein Lern- aber auch Entwicklungstempo ganz allein bestimmen kann. Wenn es stark genug ist und sich sicher fühlt, geht es auch den nächsten Schritt. Wann dieser ist, spielt eine untergeordnete Rolle. Doch eine Förderung ist dennoch möglich. Gebraucht wird dafür „nur" sehr viel Liebe und ein Umfeld voller Wertschätzung. Druck hat bei der Pikler Pädagogik nichts zu suchen.

Hier sind drei Aspekte wegweisend und ausschlaggebend:

- Pflege: Jedes Kind soll körperlich gut versorgt sein und mit einer guten Kommunikation aufwachsen. Das beginnt schon im Säuglingsalter. Es soll an allen Aktivitäten beteiligt werden.
- Entwicklung der Bewegung: Jedes Kind hat seinen eigenen und festen Rhythmus. Beschleunigungen von außen sind überflüssig und stören nur die freie und

selbst bestimmende Entfaltung des Heranwachsenden.

- Gutes Spiel: Jedes Kind soll und darf altersgemäß spielen und sich in einer Umgebung aufhalten, die dafür optimal ausgestaltet ist.

Neben den drei Aspekten gesellen sich zur Pikler Pädagogik noch vier recht einfache Grundprinzipien hinzu. Diese lauten wie folgt:

1. Die Eigeninitiative des Kindes soll respektiert werden, ganz gleich, wie sie aussieht. Auch die Selbstständigkeit soll vom Umfeld unterstützt und nicht aus Angst unterbunden werden.

2. Nicht jedes Kind fühlt sich sofort allen Menschen verbunden, das ist normal. Dieses Vertrauen soll jedoch gefördert und immer weiter stabilisiert werden. So kann das Kind lernen, dass auch Menschen, die zuvor noch unbekannt waren, mit der Zeit Vertrauen erwecken können.

3. Jedes Kind ist einzigartig und gut. Es hat ein Recht auf Anerkennung und auf das Gefühl, dass es angenommen wird.

4. Gesundheit und körperliches Wohlbefinden sind mehr als wichtig. Es soll immer darauf geachtet werden, dass beides einem jedem Heranwachsenden gegeben ist und in vollem Maße auch unterstützt wird.

Die Umsetzung dieser Pädagogik ist auch zu Hause recht einfach. Wollen Sie es auch einmal ausprobieren? Dann versuchen Sie es am besten auf diese Weise:

- Sprechen Sie mit Ihrem Kind, ganz gleich, was Ihnen oder ihm auf dem Herzen liegt. Schauen Sie es immer an und nehmen Sie sich Zeit, um die Dinge gut und verständlich zu erklären. Zeigen Sie ihm auf, was als nächsten warten könnte.
- Drängen Sie Ihr Kind nicht, wenn es noch nicht bereit ist. Sicherlich kennen Sie es noch aus der „Babyzeit". Hier lernte Ihr Kind ganz allein das Lachen und zeigte Ihnen, wann es welchen Schritt ging. Sie konnten nur bedingt Einfluss auf die Schnelligkeit nehmen. Wenn Kinder älter werden, neigen Eltern jedoch dazu, dass Tempo selbst anzuheben, doch genau das sollte nicht geschehen. Warten Sie, bis Ihr Kind einen eigenen kleinen Erfolg verzeichnen kann, und lassen Sie diese Freude ruhig auf sich und natürlich auch auf Ihren Sprössling wirken. Wenn er ausreichend Zeit hat, diese Freude auszukosten, wird er auch beim nächsten Mal mit Ihnen zusammen einen Versuch unternehmen wollen.
- Ganz gleich, wie stressig der Alltag sein kann, zeigen Sie das nicht Ihrem Kind. Es wird diese Erfahrung noch früh genug machen müssen. Auch wenn es länger beim Anziehen braucht, ist es wichtig, dass Sie es nicht unter Druck setzen. Seien Sie aufmerksam und geben Sie die Zeit, die auch wirklich nötig ist. Zuwendung ist ein Gut, was oft unterschätzt und nicht genügend beachtet wird. Durch ein ruhiges Verhalten signalisieren Sie Ihrem Kind, dass nur es selbst in diesem einen Moment wichtig ist.
- Jedes Kind braucht Sicherheit und fühlt sich erst dann so richtig wohl und gut aufgehoben. Sie können Ihrem Kind diese Sicherheit vermitteln, wenn Sie immer wieder die gleichen Abläufe schaffen. Sorgen Sie für

einen Alltag voller Strukturen. Wenn jeden Tag etwas anders im alltäglichen Familienleben geschieht, wird sich Ihr Kind schnell unsicher fühlen. Frühstücken sie jeden Tag gemeinsam und sorgen Sie für ein Gute-Nacht-Ritual. Das sind die Momente, die Ihrem Kind zeigen, dass es sich keine Sorgen machen muss, und die ein wundervolles Gefühl der Geborgenheit verströmen.

Vom Verständnis her ist die Umsetzung von Emmi Piklers Pädagogik recht einfach. Doch es bedeutet auch, dass Eltern sehr viel Zeit mit Ihrem Kind verbringen sollten und auch Ihre Geduld völlig neu betrachten müssen. Das ist aber nicht immer so einfach, wie es auf den ersten Blick erscheint.

WALDORFPÄDAGOGIK

Das anthroposophische Bild des Menschen (Entwicklung durch R. Steiner im 20. Jahrhundert) stellt für diese Pädagogik die Grundlage dar. Steiner wollte die Brüderlichkeit in der Wirtschaft, das Gleichnis in der politischen Gemeinschaft und auch die Freiheit der Kultur vereinen.

Hierbei sollte ihm zusätzlich die Temperament-lehre helfen. Diese wird auch als ein Persönlichkeitsmodell verstanden, welches besagt, dass jede Person für sich eine klare und eigene Wesensart hat.

Das klingt jetzt recht kompliziert, oder? So schwer ist es aber gar nicht. Die Dreigliederung nach Steiner soll nur zu verstehen geben, dass das Innere eines jeden Menschen sich in Geist, Leib und die Seele aufteilt. Es sollte für niemand ein Unterschied im Denken, Wollen und auch Fühlen bestehen. Alle haben das Recht auf das Gleiche und somit auch auf dieselbe Schulung!

Doch was bedeutet all das nun für ein Kind? Pädagogen, die diesen Weg einschlagen, sind der Einsicht, dass ein Kind noch nicht als erwachsen angesehen werden darf. Es steht noch vor seiner Entwicklung und hat natürlich auch ein Recht darauf, diese uneingeschränkt zu erfahren. Nur wenn das gegeben ist, kann es auch in der Gesellschaft und seinem späteren Leben „funktionieren". Es sollte aber nicht vergessen werden, dass Lernen für ein Kind noch ab und an sehr anstrengend sein kann. Aus diesem Grund sollte ein sogenannter „Schonraum" unbedingt gegeben sein.

R. Steiner vertritt die Meinung, dass jedes Kind nach ungefähr sieben Jahren einen Entwicklungsschub hat. In der ersten Phase wird das Kind als ein Wesen angesehen, dass durch

Nachahmen lernt und seine Persönlichkeit ein Stück weit entwickelt. Es schaut sich also die Verhaltensweisen von den Eltern an und nimmt diese für sich auf. In der zweiten Phase sucht es nach einer Person, zu der es aufschauen kann – ein Vorbild sozusagen. Nicht selten kann es hier auch ein Erzieher sein. Wichtig ist nur, dass kein zu großer Zwang entsteht. Im dritten Abschnitt der Entwicklung steht der Jugendliche. Hier werden gewisse Dinge hinterfragt und natürlich auch ausprobiert. Es wird nach einem Sinn gesucht, und ein persönliches Innenleben entwickelt sich. Der vierte Abschnitt der Entwicklung befasst sich mit dem Erwachsenen. Hier steht die Reife der Persönlichkeit und auch die Mündigkeit ganz klar im Vordergrund.

Sensible Phasen

Vielleicht haben Sie schon einmal von diesen Phasen gehört. Hierbei geht es um den Abschnitt im Leben des Kindes, der durch sehr viel Sensibilität geprägt ist. Das Kind ist in der Lage, bestimmte Dinge intensiver und motivierter aufzunehmen und auch für sich zu verarbeiten. Wird in diesem Zusammenhang die Zeitspanne zwischen 0 und 6 Jahren betrachtet, steht die Entwicklung der Motorik, der Bewegung und auch das Lernen der Sprache ganz klar im Vordergrund und kann somit optimal gefördert werden.

Um das alles zu erkennen, braucht Ihr Kind keine zu große Unterstützung, denn es verfügt über eine selektive Wahrnehmung. Das, was gerade wichtig ist, zum Beispiel das Lernen des Sprechens, steht im Vordergrund. Alles andere hat noch Zeit und wird erst dann wichtig sein, wenn das Kind das jeweilige Alter erreicht hat.

Doch das heißt noch nicht, dass Ihr Kind genauso früh gut sprechen kann wie vielleicht das Kind des Nachbarn. Jedes Kind ist anders, und somit werden auch diese Phasen zu unterschiedlichen Zeiten erreicht. Da das viele Eltern nicht wahrhaben möchten, wird oft Druck aufgebaut, der aber völlig unnötig ist. Das Kind lernt dadurch nicht schneller, und die sensible Phase wird auch in keiner Weise positiv gefördert.

Dennoch ist Achtsamkeit wichtig. Wenn Sie bemerken sollten, dass Ihr Kind eine bestimmte Phase erreicht hat, sollten Sie die jeweiligen Inhalte auch intensiv fördern. Geschieht das nicht, wird diese Phase zwar durchlaufen, Ihr Kind kann aber unter Umständen in seiner Anstrengung auch nicht ganz so erfolgreich sein. Hierbei sollten Sie beachten, dass ein „Zurückkehren“ nicht möglich ist. Wenn diese eine sensible Phase einmal vorüber ist, kann sie nicht nachgeholt werden. Dem Kind könnten deutliche Defizite entstehen.

KURZES FAZIT

Eines fällt sicherlich sehr stark bei der Betrachtung der alternativen Erziehung auf: Sie ist so unterschiedlich wie jedes Kind für sich.

Was empfinden Sie als hilfreich und was nicht? Würden Sie den ein oder anderen Hinweis auch in Ihre Erziehung mit einbauen? Sind Sie eher ein Freund der liebevollen Betreuung, oder verfolgen Sie eher das gut strukturierte Muster von Waldorf?

Fragen über Fragen, die nur dann beantwortet werden können, wenn Sie einen Versuch wagen.

Sollten auch Sie der Meinung sein, dass Sie etwas verändern möchten und näher mit Ihrem Kind zusammenrücken wollen, gehen Sie die einzelnen Modelle für sich durch. Jedes birgt seine Vor- und Nachteile, und Sie allein können nun entscheiden, was für Sie wohl das hilfreichste Modell sein könnte.

Schlusswort

Das große Rätsel der Kindererziehung: Sie waren auf der Suche, haben viele neue Dinge erfahren und ganz bestimmt auch sehr viel gelernt. Vielleicht kann gesagt werden, dass Sie sich ab und an wie Ihr Sprössling gefühlt haben. An jeder Ecke lauerte etwas Neues und Überraschendes. Sie haben sich wiedererkannt und sich an einer anderen Stelle eventuell sogar gefragt, warum Sie nicht selbst schon einmal so gehandelt haben. Jetzt erschien Ihnen plötzlich alles so viel klarer.

Und nun? Haben Sie alles erfahren und das herausgefunden, was Sie schon so lange beschäftigt hat? Fühlen Sie sich nun sicherer im Umgang mit Ihrem Kind und können in der Zukunft darauf hoffen, dass es keine großen Streitigkeiten mehr geben wird?

Eines kann wohl ganz sicher gesagt werden: Unendlich viele Fragen haben heute endlich eine Antwort gefunden. Sie sind in der Lage, bestimmte Situationen besser zu beurteilen und sogar ein Stück weit in Ihr Kind „hineinzusehen". Jetzt werden Sie sein Verhalten verstehen können, auch wenn es gar nichts sagt. Sie können besser mit Wut umgehen und können gezielt und einfühlsam auf Ihr Kind eingehen.

Sie werden Ihren eigenen Erziehungsstil besser beurteilen können und vielleicht auch den Drang verspüren, etwas Wichtiges in Ihrem Alltag zu verändern. Es braucht manchmal gar nicht viel, um ein großes und bedeutendes Stück näher aufeinander zuzugehen.

Sorgen Sie sich nicht länger darum, dass Sie einen Fehler machen könnten. Schauen Sie Ihr Kind an und finden Sie mit Ihrem neuen Wissen heraus, was es bewegt. Es braucht kein langes Frage-und-Antwort-Spiel! Viel wichtiger ist doch das, dass Sie beide zusammen fühlen und miteinander teilen können. Es reicht ein Blick und eine kleine Geste – diese beiden Dinge können oft schon so viel mehr sagen, als es 100 Worte auf einmal könnten.

Hören Sie auf Ihr Herz und arbeiten Sie gemeinsam mit Ihrem Kind an dem, was Sie zusammen erreichen möchten.

Doch Vorsicht: Es geht hierbei nicht darum, dass perfekte Familienleben zu gestalten. Sicherlich gibt es das in einigen Familien, aber es sollte nicht das hohe Ziel sein. Viel bedeutender ist es, an gemeinsamen Träumen festzuhalten und als eine kleine und feste Einheit das zu erreichen, was im Leben wirklich wichtig ist: Liebe und Respekt im oft so anstrengenden Familienleben. Denn genau das geht in einem Leben voller Hektik und Unausgeglichenheit sehr oft verloren. Ist es einmal passiert, kann es lange dauern, bis Sie es wieder in Ihrer alten Stärke zurückgewonnen haben.

Ihr Kind ist das größte Geschenk, und aus diesem Grund ist auch nur zu verständlich, dass Sie alles richtig machen möchten. Aber vergessen Sie auch nicht, dass auch Sie nur ein Mensch sind, mit all seinen Schwächen und Stärken. Sie müssen nicht perfekt sein, aber Sie können zusammen mit Ihrem Nachwuchs etwas schaffen, was jedem Perfektionismus trotzt: die Entwicklung einer unerschöpflichen Liebe zwischen Kind und Eltern.

Der erste Schritt auf Ihrem Weg ist bereits vollzogen. Nun müssen Sie nur noch weitergehen und jeden Tag Ihrem Ziel ein Stück näherkommen.

Erziehung ist kein pures Wissen aus dem Lehrplan, sondern Lehrmaterial eines ganzen Lebens!

HAFTUNGSAUSSCHLUSS

Die Umsetzung aller enthaltenen Informationen, Anleitungen und Strategien dieses Buchs erfolgt auf eigenes Risiko. Für etwaige Schäden jeglicher Art kann der Autor aus keinem Rechtsgrund eine Haftung übernehmen. Für Schäden materieller oder ideeller Art, die durch die Nutzung oder Nichtnutzung der Informationen bzw. durch die Nutzung fehlerhafter und/oder unvollständiger Informationen verursacht wurden, sind Haftungsansprüche gegen den Autor grundsätzlich ausgeschlossen. Ausgeschlossen sind daher auch jegliche Rechts- und Schadensersatzansprüche. Dieses Werk wurde mit größter Sorgfalt nach bestem Wissen und Gewissen erarbeitet und niedergeschrieben. Für die Aktualität, Vollständigkeit und Qualität der Informationen übernimmt der Autor jedoch keinerlei Gewähr. Auch können Druckfehler und Falschinformationen nicht vollständig ausgeschlossen werden. Für fehlerhafte Angaben vom Autor kann keine juristische Verantwortung sowie Haftung in irgendeiner Form übernommen werden.

URHEBERRECHT

IMPRESSUM

1. Auflage

Bildquellen:

Depositphotos @ luislouro

Depositphotos @ Wavebreakmedia

Depositphotos @ Lenanichizhenova

Herausgeber:

L-Online Solutions e.K.

Eschenweg 6

89150 Laichingen

info@l-onlinesolutions.de

Printed in Poland
by Amazon Fulfillment
Poland Sp. z o.o., Wrocław

67195672R00072